'OO하는 우리 아이', 어떻게 할까?
고민하는 부모를 위한 우리 아이 마음 처방전

○○하는 우리 아이
어떻게 할까?

고민하는 부모를 위한 우리 아이 마음 처방전

이안백 지음 | 원민우 감수

Medimark

| 프롤로그 |

"아이를 정말 사랑한다면,
아이의 눈으로 세상을 보라."

'OO하는 우리 아이'를 쓰게 된 이유

20년 전의 일이다. 초등학교 3학년 아이가 부모와 함께 진료실에 왔다. 부모는 모두 의사였다. 아이가 산만하고 자꾸 실수한다며 '혹시 ADHD가 아닐까' 걱정했다. 과외도 많이 시키고, 나름 열심히 노력하는 아이인데 집중력이 떨어진다는 것이었다. 하지만 첫인상부터 ADHD와는 다소 거리가 있어 보였다. 그래서 심층적인 '종합심리검사(full psychometry)'를 권유했다. 검사 결과는 부모에게도 나에게도 충격이었다. 아이의 IQ는 65. 주의력 부족은 낮은 지능의 부산물일 뿐이었다.

조심스럽지만 진지하게 검사 결과를 부모에게 설명했다. 단순 연산은 과외나 반복 훈련으로 어느 정도 가능했지만, 서술형 문제처럼 언어 능력이 필요한 부분은 극복하기 어려웠다는 점, 지금 필요한 것은 성적 올리기가 아니라 특수 교육을 통한 기능 강화라는 점도 함께 전했다. 하지만 아이의 엄마는 이 결과를 도무지 받아들이지 못했다. "검사가 잘못됐다"라는 말만 반복하다 결국 자리를 박차고 나갔다. 그날이 마지막이었다.

놀랍게도, 그 아이를 최근 우연히 다시 만났다. 20대 후반의 청년이 되어 지인의 가게에서 단순 사무와 심부름을 하며 지내고 있었다. 반가움보다는 마음 한편이 무거워졌다. 이야기를 들어보니, 부모는 이후에도 유학을 보내는 등 최선을 다한 듯했다. 하지만 나는 생각했다. '그때 특수 교육에 집중했다면, 그 아이는 지금 더 풍성한 삶을 살고 있지 않을까.'

이 책을 쓰게 된 출발점도 바로 거기에서 시작한다. 부모의 사랑은 언제나 깊지만, 그 사랑이 때로는 자녀의 삶을 그르치게 만든다는 것.

아이의 문제, 어떻게 바라보고 있는가?

부모는 자녀를 사랑한다. 하지만 아이의 문제 앞에서는 냉철한 관찰자가 되기 어렵다. 객관적으로 보기보다 감정적으로 반응하고, 때로는 회피하거나 지나치게 과잉 개입한다. 나 역시 그랬다. 아이가 힘들어하는데도 "잘될 거야"라면서 덮어버리고, 때로는 아이가 별문제 없이 자라고 있음에도 "어딘가 부족한 게 아닐까?" 하는 불안에 휩싸인다.

그동안 진료실에서 수많은 부모와 아이를 만났다. 그리고 절감했다. 부모의 인식 하나가 자녀의 미래를 바꾼다는 사실을. 대표적인 예가 ADHD 약물 남용이다. 한때 일부 서울 지역에서 이른바 '머리 좋아지는 약'이라며 ADHD 치료제를 무분별하게 사용하던 시기가 있었다. 이 약은 실제로 ADHD 아이에게는 매우 효과적이지만, 정상적인 아이에게는 집중력 향상은커녕 두통, 불면, 식욕 부진, 예민함 등 부작용만 불러온다. 그런데도 시험 성적이 오르길 바라는 부모들은 아이에게 이 약을 복용시키곤 했다. 사랑이라는 이름의 조급함이 아이를 더 힘들게 만든 것이다.

'OO하는 우리 아이' 시리즈는 왜 필요한가?

이 책은 특정 질환이나 병명을 붙이기보다는, '~하는 아이'라는 일상적인 언어로 자녀의 특성과 행동을 바라보고자 했다. '산만한 아이', '고집 센 아이', '잘 우는 아이', '유튜브만 보는 아이'처럼, 현실 속 부모들이 가장 흔히 겪는 고민을 중심으로 구성했다. 각 장마다 아이의 행동에 대한 해석, 그 심리적 배경, 부모의 대처법 그리고 실질적인 실천 가이드를 담았다. 병명이 아니라 행동과 심리에 주목하는 이유는 단 하나다. 아이는 '치료'보다는 '이해'가 필요한 경우가 많기 때문이다.

체크리스트, 어떻게 활용할까?

책마다 수록된 '부모 체크리스트'는 단순한 진단 도구가 아니다. 자녀를 더 깊이 들여다보는 창(窓)이다. '체크리스트'를 통해 부모는 자기 자녀를 바라보는 시선을 잠시 멈추고, 새로운 시각으로 접근할 수 있게 된다. 예를 들어 '산만한 아이' 편의 '체크리스트'는 아이가 집중력이 부족한 게 아니라 정서적 불안이나 부모의 양육 태도에서 오는 결과일 수 있다는 사실을 이해하게 돕는다.

부모에게 하고 싶은 네 가지 말

하나, 세상에 완벽한 부모는 없다. 완벽해지려는 노력은 오히려 아이의 결점을 확대해서 보게 만들고, 아이보다 당신을 지치게 한다. 지친 부모는 아이의 신호를 읽지 못하고, 작은 문제에 더 크게 반응하게 된다.

둘, 아이의 모든 문제가 부모 탓은 아니다. 물론 어떤 경우에는 부모의 양육 방식이 아이에게 영향을 줄 수 있다. 그러나 과도한 자책은 문제 해결에 전혀 도움이 되지 않는다. 문제의 원인을 찾기보다 '지금 아이에게 필요한 것이 무엇인가'에 집중해야 한다. 죄책감보다는 대안이 중요하다.

셋, 아이의 관점에서 다시 생각해 보라. 당신의 기대는 진심일지 모르지만, 그 진심이 때로는 아이를 고통스럽게 만들 수 있다. 아이가 원하는 삶과 부모가 원하는 삶은 다를 수 있다는 걸 인정하는 것이 시작이다.

넷, 아이의 한 계단은 어른의 한 계단과 다르다. 당신에겐 쉬운 일이 아이에겐 전혀 다른 도전일 수 있다. 새로운 환경, 새로운 음식, 새로운 친구 등 그 어떤 '처음'도 아이에게는 쉽지 않다. 부모는 아이의 속도에 맞추어 계단을 낮추고, 손잡이를 달아주는 사람이 되어야 한다.

이 책이 당신에게 주는 단 하나의 메시지

이 책은 정답을 제시하지 않는다. 하지만 질문을 던진다. "당신의 자녀는 지금 행복한가?" 그리고 이렇게 이어진다. "당신은 정말 그 아이의 처지에서 생각해 본 적이 있는가?"

자녀 교육의 핵심은 아이를 바꾸는 것이 아니라 아이를 이해하는 당신의 시선이 바뀌는 것이다. 이 책이, 그 여정의 시작이 되기를 바란다. 그리고 자녀 문제로 고민하는 모든 부모에게 작은 길잡이가 되기를 진심으로 소망한다.

| 추천사 |

아이의 마음을 읽는
지혜로운 안내서

매일 반복되는 육아 현장에서 부모들은 수많은 물음표와 마주합니다. "왜 우리 아이는 이럴까? 어떻게 해야 할까? 내가 뭘 잘못하고 있는 걸까?"
이 책은 그런 부모들의 마음에 명쾌한 답을 제시하는 실용적인 지침서입니다.

저자는 20년간의 임상 경험을 바탕으로 '○○하는 우리 아이'라는 일상적 언어로 아이들의 행동을 설명합니다. 병명이나 진단명이 아닌, 부모들이 실제로 마주하는 상황들 – 애착 인형에 집착하는 아이, 불안 지수가 높은 아이, 매사에 눈치만 보는 아이, 엄마만 졸졸 따라다니는 아이, 낯가림이 심한 아이 – 을 통해 아이의 내면을 들여다볼 수 있게 합니다. 이 책의 가장 큰 장점은 '이해'에서 시작하는 것입니다. 아이의 문제 행동을 '고쳐야 할 대상'으로 보지 않고, 그 행동 이면에 숨어있는 아이의 마음과 욕구를 먼저 이해하도록 돕습니다. 프롤로그에서 언급한 IQ 65 아이의 사례는 특히 인상적입니다. 부모는 아이를 ADHD로 의심했지만 실제로는 낮은 지능으로 인한 주의력 부족이었고, 그때 특

수 교육에 집중했다면 그 아이는 지금 더 풍성한 삶을 살고 있을 것이라는 저자의 회고는 부모의 인식 하나가 얼마나 중요한지를 깨닫게 합니다.

각 장마다 제공되는 '체크리스트'는 단순한 진단 도구가 아니라 자녀를 더 깊이 들여다보는 창구 역할을 합니다. '산만한 아이' 편의 '체크리스트'는 아이가 집중력이 부족한 게 아니라 정서적 불안이나 부모의 양육 태도에서 오는 결과일 수 있다는 사실을 이해하게 돕습니다. 상황별 맞춤 해결책은 당장 오늘부터 적용할 수 있을 만큼 구체적이고 실용적입니다.

부모에게 던지는 네 가지 메시지는 육아에 지친 모든 부모에게 큰 위로가 됩니다.
"세상에 완벽한 부모는 없다. 아이의 모든 문제가 부모 탓은 아니다. 아이의 관점에서 다시 생각해 보라. 아이의 한 계단은 어른의 한 계단과 다르다."
이 말들은 죄책감에 시달리는 부모들에게 용기와 방향성을 제시합니다.
특히 인상 깊었던 것은 저자가 강조하는 '기다림의 미학'입니다. 애착 인형에 집착하는 아이에게는 '인형을 놓을 준비가 될 때까지 기다려주는 사랑'이 필요하고, 불안한 아이에게는 '불안해도 괜찮다'라는 메시지와 함께 그 마음의 무게를 함께 들어주는 게 중요하다고 말합니다. 낯가림이 심한 아이에게는 '세상에 다가가는 저마다의 리듬'을 인정해 주는 것이 필요하다는 관점은 성급한 부모들에게 깊은 성찰을 제공합니다.

이 책은 정답을 제시하지 않습니다. 대신 올바른 질문을 던집니다.
"당신의 자녀는 지금 행복한가? 당신은 정말 그 아이의 처지에서 생각해 본 적이 있는가?"
이런 질문들이 부모 스스로 답을 찾아가는 여정을 안내합니다. 자녀교육의 핵심은 아이를 바꾸는 것이 아니라 아이를 이해하는 부모의 시선이 바뀌는 것이라는 저자의 메시지는 많은 부모들에게 패러다임의 전환을 가져다줄 것입니다.

실용적 측면에서도 이 책은 탁월합니다. 불안한 아이를 위한 '5-4-3-2-1 감각 집중법', '숨쉬기 훈련', '구체적인 대화법' 등은 현장에서 바로 적용할 수 있는 도구들입니다. 또한 전문가 상담이 필요한 경우를 명확히 제시하여 부모들이 적절한 시기에 도움을 받을 수 있도록 안내합니다.

6개 챕터에 걸쳐 다루어지는 다양한 상황들 – 불안하고 애착하는 아이부터 음식과 일상이 어려운 아이까지 – 은 대부분의 부모가 한 번쯤 마주하게 되는 현실적인 고민입니다. 각 상황에 대한 심리적 배경 설명과 구체적인 대처법은 이론과 실제를 적절히 조화시켜 부모들의 이해를 돕습니다.

AI 시대를 살아갈 우리 아이들에게 정말 필요한 것이 무엇인지, 어떻게 아이의 마음을 지켜줄 수 있는지 고민하는 모든 부모에게 이 책을 적극 추천합니다. 아이를 바꾸려 하기 전에, 아이를 이해하려는 부모의 시선이 먼저 바뀌어야 한다는 이 책의 메시지가 많은 가정에 따뜻한 변화를 가져다줄 것입니다.

부모 역시 처음 해보는 일이기에 완벽할 수 없습니다. 하지만 아이의 마음을 이해하려는 진정성 있는 노력 하나만으로도 우리는 충분히 좋은 부모가 될 수 있다는 희망을 이 책을 통해 발견하게 됩니다.

"아이를 정말 사랑한다면, 아이의 눈으로 세상을 보라."

이 한 문장이 담고 있는 깊이만큼, 이 책이 전하는 메시지가 모든 가정에 온기가 되기를 바랍니다.

원민우 박사 (아동 · 청소년 발달 전문가, 언어재활 · 상담심리학 교수)

| 추천사 |

부모님들을 위한 따뜻하고
실질적인 안내서

21세기를 살아가는 오늘날의 아이들은 과거 어느 세대보다 복잡하고 빠르게 변화하는 사회 속에서 자라고 있습니다. 정보와 자극이 넘쳐나는 디지털 환경, 치열한 경쟁 그리고 관계의 단절과 고립까지, 이 모든 환경적 요인은 자녀의 심리적, 정서적 발달에 직접적인 영향을 미치고 있습니다.

과거 1960~70년대의 부모들이 겪었던 양육의 고민과 오늘날 MZ세대 부모들이 직면하는 육아의 현실은 본질적으로 다릅니다. 특히 외동 자녀가 늘어나고 맞벌이 가정이 보편화되면서 부모와 자녀가 함께 보내는 시간은 줄어드는 반면, 부모의 기대는 오히려 더 높아지는 경우가 많습니다. 그로 인해 아이는 점점 더 혼란스럽고 불안정한 내면을 가지게 되며, 부모는 그런 아이의 행동을 이해하지 못해 갈등이나 단절을 경험하게 됩니다.

『○○하는 우리 아이, 어떻게 할까?』는 그런 현실에서 길을 잃은 부모들에게 따뜻하고 실질적인 안내자가 되어줄 것입니다. 오랜 시간 정신과 전문의로서 수많은 아동·청소년과 부모를 상담하고 치료해 온 저자의 임상 경험을 바탕으로, 오늘날 부모들이 가장 궁금해하고 어려워하는 양육 주제들을 선별해 담았습니다.

예민한 아이, 화를 잘 내는 아이, 지나치게 조용한 아이, 게임에 몰입하는 아이, 친구와 잘 어울리지 못하는 아이 등… 이 책은 부모가 아이의 행동을 단순한 '문제'로 보기보다, 그 이면에 있는 감정과 욕구, 신호를 이해할 수 있도록 돕습니다.
특히 이 책의 실용적 강점은 각 장마다 부모가 직접 자녀의 상태를 점검해 볼 수 있는 '체크리스트'와, 그에 대한 '해석 가이드'를 포함하고 있다는 점입니다. 이는 단순한 지식 전달을 넘어, 부모가 아이의 행동을 객관적으로 관찰하고 해석할 수 있는 안목을 길러주며, 동시에 자신의 양육 태도와 감정 상태를 성찰해 보는 계기를 제공합니다.

무엇보다 이 책은 아이의 '문제 행동'을 고치는 '매뉴얼'이 아닙니다. 대신, 부모와 자녀가 서로를 더 잘 이해하고, 함께 성장할 수 있는 관계로 나아가기 위한 심리적 도구함(box)을 제공합니다. 부모가 먼저 변화하고, 부모가 먼저 아이의 마음을 들여다볼 때, 아이는 자연스럽게 자기 감정을 신뢰하고 세상과 연결될 수 있습니다.

『○○하는 우리 아이, 어떻게 할까?』는 그저 좋은 책이 아니라, 함께 앉아 아이를 바라보며 대화를 나누고 싶은 부모라면 반드시 곁에 두어야 할 책입니다.

부모가 이 책을 읽는 순간부터, 아이를 향한 시선은 더욱 부드러워질 것이고, 아이의 내면은 더욱 안정감을 얻게 될 것입니다. 아이와의 사이에 벽이 아닌 다리를 놓고 싶은 모든 부모에게 이 책을 권합니다.

조성연 충남아동청소년행복포럼 공동대표(호서대학교 교수)

CONTENTS

프롤로그 | "아이를 정말 사랑한다면, 아이의 눈으로 세상을 보라." • 4

추 천 사 | 원민우 박사(아동·청소년 발달 전문가, 언어재활·상담심리학 교수) • 9
조성연 충남아동청소년행복포럼 공동대표(호서대학교 교수) • 13

Chapter 1. 불안하고 애착하는 아이 – 마음의 안정 찾아주기

'애착(인형)에 집착하는 아이' 다루는 법 • 21
'불안 지수가 높은(불안한) 아이' 다루는 법 • 27
'매사에 눈치만 보는 아이' 다루는 법 • 35
'엄마만 졸졸 따라다니는 아이' 다루는 법 • 42
'낯가림이 심한 아이' 다루는 법 • 50
'잠자다가 깨어나서 우는 아이' 다루는 법 • 58

Chapter 2. 화가 많고 충동적인 아이 – 평화로운 관계로 이끌기

'공격적이거나 폭력적인 아이' 다루는 법 • 67
'화장실에 자주 가는 아이' 다루는 법 • 74
'형제(자매)간 다툼이 심한 아이' 다루는 법 • 79
'도벽이 있는 아이' 다루는 법 • 85
'자기를 때리는 아이' 다루는 법 • 92
'다른 아이를 (깨)물어 버리는 아이' 다루는 법 • 99

Chapter 3. 산만하고 예측 불가능한 아이 – 규칙과 집중력 만들기

'산만한 아이' 다루는 법 • 107
'짜증을 많이 내는 아이' 다루는 법 • 113
'엉뚱한 아이' 다루는 법 • 119
'손톱을 깨무는 아이' 다루는 법 • 127
'자꾸 성기를 만지는 아이' 다루는 법 • 133
'자꾸 눈을 깜박거리는 아이' 다루는 법 • 139

Chapter 4. 말과 학습이 늦은 아이 – 성장을 도와주기

'말이 늦은 아이' 다루는 법 • 147
'대소변 가리기가 늦은 아이' 다루는 법 • 155
'책을 싫어하는 아이' 다루는 법 • 161
'집에서만 지내려는 아이' 다루는 법 • 168
'우리 아이의 선행학습' 선택의 기준 잡기 • 176
'한 가지 장난감만 가지고 노는 아이' 다루는 법 • 182

Chapter 5. 밖에서는 입을 꾹 닫는 아이 – 균형 있는 사랑 만들어주기

'고자질을 잘하는 아이' 다루는 법 • 191
'시기, 질투가 많은 아이' 다루는 법 • 198
'엄마·아빠의 양육 방식이 다를 때' 대처 방법 • 205
'엄마·아빠의 다정한 모습을 싫어하는 아이' 다루는 법 • 211
'밖에서는 입을 꾹 닫는 아이' 다루는 법 • 218
'늘 대장이 되고 싶어 하는 아이' 다루는 법 • 225

Chapter 6. 음식과 일상의 조절이 어려운 아이
– 조화로운 생활 습관 만들기

'식탐이 많은 아이' 다루는 법 • 235
'음식을 잘 먹지 않는 아이' 다루는 법 • 241
'무서운 두 살'에 대한 올바른 이해 • 247
'물건을 감추는 아이' 다루는 법 • 255
'왼손잡이 아이'로 살아가는 법 • 263
'정리·정돈을 잘하는 아이' 다루는 법 • 270

부록 | 몇 가지 남은 이야기들 • 279

에필로그 | AI 시대, 우리 아이의 정신 건강을 지키는 법 • 292

Chapter 1.

불안하고 애착하는 아이
– 마음의 안정 찾아주기

세상은 아이가 '모든 사람의 눈치를 보며
살아야 하는 곳'이 아니다.
자신의 감정과 생각을 자유롭게 표현하며 때로는 실수도 하고,
자기만의 길을 만들어 나가면서 당당하게
살아갈 힘을 길러주는 게 부모의 역할이다.

'애착 인형에 집착하는 아이' 다루는 법

— feat. '애착 인형'의 본질을 이해하라.

"우리 아이는 저 인형 없이는 잠도 안 자요."
"낡아빠진 인형을 왜 저렇게 끼고 다닐까 싶어요."
"새걸 사줬는데도 굳이 저 인형만 찾네요."
이처럼 특정 인형에 강하게 집착하는 아이를 볼 때, 부모는 종종 당황하거나 걱정스러운 마음이 들기도 한다. 그러나 애착 인형은 단순한 '장난감'이 아니다. 아이가 외부 세계와 분리되며 겪는 불안과 스트레스를 조절하는, 매우 중요한 '심리적 대상'이다.

'애착 인형'이란 무엇인가?

애착 인형은 전문 용어로 '이행 대상(transitional object)'이라 불린다. 정신분석학자 도널드 위니캇(Donald Winnicott)은 이를 아이가 주 양육자와의 분리에 적응해 나가는 과정에서 사용하는 중간 매개물로 보았다. 애착 인형은 아이에게 있어 엄마의 품처럼 안전하고 예측할 수 있는 존재이며, 세상과 나를 연결해 주는 정서적 다리 역할을 한다. 이 개념은 애착 이론의 창시자인 존 보울비(John Bowlby)의 관점에서 더욱 깊이 있게 설명된다. 보울비는 아이가 주 양육자와의 안정적인 애착 관계를 통해 세상에 대한 신뢰를 형성한다고 보았다. 그러나 아이는 독립의 과정에서 엄마와 떨어져 있는 상황을 자주 겪게 되고, 이때 불안을 달래기 위해 상징적으로 안정감을 주는 대상을 필요로 한다. 애착 인형은 바로 그 '안정된 애착'을 대체하고 지지해 주는 존재다.

보통 생후 6개월~2세 사이에 특정 물건(인형, 담요, 수건 등)에 강한 애착을 보이기 시작하며, 4~6세가 되면서 서서히 그 의존도가 줄어드는 것이 일반적이다. 하지만 개인의 기질, 양육 환경, 외부 스트레스 수준에 따라 애착 대상에 대한 집착의 강도와 지속 기간은 다양하다.

애착 인형에 집착하는 아이의 심리

첫째, 정서적 안정에 대한 높은 욕구다. 특히 불안이 많은 아이일수록 애착 인형에 집착하는 경향이 높다. 이사나 유치원 입학, 동생 출생 등 환경 변화나 양육자의 부재, 심리적 갈등 상황에서 애착 대상에 더욱 의존하게 된다.

둘째, 자기 위안 전략이다. 아이는 좌절, 슬픔, 분리불안 등을 겪을 때 애착 인형을 통해 위안을 얻는다. 이는 매우 자연스럽고 건강한 자기 조절 방식 중 하나다.

셋째, 관계의 상징화다. 인형은 아이에게 '엄마의 대체물' 또는 '자신의 분신'과 같은 존재가 되기도 한다. 따라서 애착 인형에 대한 집착은 단순한 물건에 대한 애착이 아니라, 중요한 관계의 상징이기도 하다.

성인의 애착과의 공통점과 차이점

성인도 어릴 적 사진이나 오래된 편지, 추억의 노트 등 특정 물건에 집착하거나 소중히 여기는 경우가 있다. 이는 과거의 관계, 정서, 안정감을 상징하기 때문이다. 아이의 애착 인형과 유사하게 성인도 심리적 위안과 연결감을 위해 어떤 '대상'을 필요로 할 수 있다. 그러나 성인의 애착은 좀 더 상징적이고 추상적이지만, 아이는 실제 물리적 접촉과 사용을 통해 안정감을 느낀다는 점에서 차이가 있다. 또한, 성인은 애착 대상을 선택적으로 활용할 수 있지만 아이는 그것이 없으면 감정 조절 자체가 어려워지기도 한다. 보울비의 이론에 따르면, 성인은 내면화된 애착 모델을 통해 애착 대상을 마음속에 품을 수 있지만 아이는 아직 그 능력이 충분히 발달하지 않았기 때문이다.

애착 인형에 집착하는 아이, 어떻게 도와줄까?

첫째, 억지로 떼어내려 하지 말자. 애착 인형을 갑자기 없애거나 바꾸려는 시도는 오히려 불안을 증폭시킨다. 인형을 '문제'로 보기보다는 아이의 '정서적 자산'으로 바라보자. 둘째, 감정 조절력을 키워주자. 아이가 점점 애착 인형 없이도 감정을 조절할 수 있도록 도와주는 것이 목표다. 인형과 떨어져 있는 시간을 서서히 늘리거나, 이야기 나누기, 노래 부르기 등 인형 외의 다른 위안 방법을 함께 개발하

자. 셋째, 애착 인형을 다루는 놀이 활용이다. 아이와 함께 인형을 주인공으로 한 이야기 만들기, 역할놀이 등을 통해 감정을 표현하고 해소할 수 있도록 유도한다. 이는 아이의 감정 언어와 자기 이해 능력을 높이는 데 도움이 된다. 넷째, 관계의 안정감을 먼저 채워주자. 애착 인형에 대한 집착이 강할수록 아이는 심리적으로 '안전하지 않다'고 느끼고 있을 가능성이 높다. 하루 중 일정 시간은 아이와 눈을 맞추며 온전히 함께 시간을 보내는 것이 중요하다.

마무리하며 – 인형을 놓을 준비가 될 때까지 기다려주는 사랑

아이에게 '애착 인형'은 단순한 장난감이 아니다. 그것은 때로는 엄마의 품이고, 보호막이며, 외로운 순간을 견디게 해주는 심리적 '안전기지'다. 그래서 아이가 애착 인형에 강하게 의존하고 있다면 그 행동 이면에 있는 정서적 필요를 먼저 바라보는 것이 중요하다.

하지만 동시에 우리는 아이가 인형 없이도 점점 더 세상을 탐색할 수 있는 자신감을 키워갈 수 있도록 돕는 존재가 되어야 한다. 억지로 떼어내기보다는 아이가 스스로 인형과 거리를 두고 싶어질 때까지 기다려주는 인내가 필요하다.

부모의 따뜻한 시선과 일관된 반응 그리고 무엇보다도 '내가 안전한 존재'라는 느낌이 아이 안에 충분히 쌓일 때, 애착 인형은 조금씩 그 존재감을 내려놓게 될 것이다. 그날이 올 때까지 아이가 보내는 신호에 귀 기울이며, 애착 인형과 함께 아이의 마음을 다정하게 들여다보는 시간이 되기를 바란다.

☑ 체크리스트
최근 1~2개월간 아이의 모습을 떠올리며 체크해 주세요.

❖ 애착 인형과의 관계
☐ 인형이 없으면 잠을 못 자거나 외출을 거부한다.
☐ 인형을 꼭 안고 있지 않으면 불안해하거나 짜증을 낸다.
☐ 인형과 대화하거나 인형에게 감정을 의탁하는 모습을 자주 보인다.
☐ 인형이 손상되거나 사라졌을 때 극도로 불안해하거나 분노한다.
☐ 새 인형이나 다른 장난감으로 대체하는 것을 강하게 거부한다.

❖ 일상생활과의 관련성
☐ 어린이집, 학교, 외출 등 모든 상황에 인형을 데려가려 한다.
☐ 인형이 없으면 식사, 놀이, 외출 등 일상 활동이 어려워진다.
☐ 인형과 관련된 문제로 다른 사람과 자주 갈등을 겪는다.
☐ 인형과 떨어지면 지속적으로 찾거나 인형 걱정을 한다.
☐ 인형 외의 사람이나 놀이에 관한 관심이 뚜렷하게 줄어들었다.

❖ 정서 및 애착 특성
☐ 엄마나 특정 양육자에 대한 의존이 매우 강하고, 분리 불안을 자주 보인다.
☐ 감정 표현이 서툴거나, 인형을 통해서만 감정을 표현하려 한다.
☐ 최근에 가족 내 변화(이사, 부모 갈등, 동생 출생 등)가 있었다.
☐ 평소 불안하거나 소심한 기질이 강한 편이다.

☐ 인형을 다루는 방식에서 과도한 통제욕, 공격성 혹은 의인화가 관찰된다.

점검 결과 해석

0~4개: 자연스러운 애착 대상 사용일 수 있으며, 심리적 안정감을 주는 도구로 작용할 수 있다. 억지로 떼어놓기보다 점진적으로 분리 연습을 도와주면 된다.

5~8개: 애착 인형에 지나치게 의존하는 상태다. 아이가 불안정한 정서 상태에 있거나, 애착 형성에서 어려움을 겪고 있을 가능성이 있다. 양육자의 반응 방식과 환경 점검이 필요하다.

9개 이상: 인형 집착이 일상생활과 사회성, 정서 발달에 영향을 주는 수준이다. 다음과 같은 경우 전문가 상담이 권장된다.

전문가 상담이 필요한 경우

① 인형이 없으면 극단적 불안, 분노, 퇴행 행동이 나타날 경우
② 대인관계나 놀이가 전반적으로 위축된 경우
③ 정서적 표현을 인형을 통해서만 하려 하거나 현실 왜곡이 있는 경우
④ 분리불안이 심하고 오래 지속된 경우

'불안 지수가 높은(불안한) 아이' 다루는 법

— feat. 무조건 없애려 하기보다는 불안을 다룰 수 있도록 도와줘라.

불안을 느끼는 것은 자연스러운 감정이지만 지나치게 불안해하는 아이들은 일상생활에서도 어려움을 겪을 수 있다. 부모는 이런 아이들을 어떻게 이해하고 도울 수 있을까?

먼저 불안 지수가 높은 아이들의 공통적인 특징부터 살펴보자.

첫째, 예측 불가능한 상황을 두려워한다. 학교나 학원, 친구 집 방문 등 새로운 환경에 노출되는 것을 극도로 싫어한다. 작은 변화에도 쉽게 불안해하며, 변화를 거부하는 경향이 강하다. 둘째, 완벽주의적인 성향인 경우가 많다. 실수를 두려워하며 모든 것을 완벽하게 해내려고 한다. 시험 전에 지나치게 긴장하거나 성적에 대한 압박을 크게 느낀다. 셋째, 매사에 걱정이 많다. '만약에'라는 생각을 자주 하며, 최악의 시나리오를 상상한다. 이를테면, 부모가 늦으면 '교통사고가 난 거 아닐까?' 하는 식으로 불안을 키운다. 넷째, 신체적 증상을 호소한다. 불안할 때 배 아픔, 두통, 어지러움, 손발 떨림, 구토 등의 신체 증상이 나타나기도 한다. 병원 검사를 받아도 대부분 별

다른 이상이 없는 경우가 많다. 다섯째, 사회적 불안이다. 친구들 앞에서 발표하거나 모르는 사람과 이야기하는 것을 부담스러워한다. 낯선 사람과 눈을 마주치는 것조차 어려워한다.

이런 아이의 불안은 종종 부모의 양육 방식과 관련이 있다. 먼저, 과보호하는 부모다. 이들은 아이가 힘들어할까 봐 모든 문제를 미리 해결해 준다. 결과적으로 아이는 자신이 어려움을 해결할 능력이 없다고 느끼게 된다. 다음은 비판적인 부모다. 실수에 대해 지나치게 지적하고, 성취에만 집중하는 부모로 아이는 완벽해야만 사랑받을 수 있다는 생각을 갖게 된다. 또한, 부모가 불안을 많이 표현할 때도 해당하는데, 이들은 "조심해! 다칠 거야." "네가 그렇게 하면 큰일 나!" 같은 말을 자주 사용한다. 이런 식으로 부모의 불안이 아이에게 전달되어 세상을 위험한 곳으로 인식하게 된다. 더불어 부모와의 애착 문제가 있는 경우다. 어린 시절 충분한 애정과 안정적인 애착을 경험하지 못한 경우, 아이는 세상을 불안한 곳으로 인식한다. 특히, 부모가 일관성 없는 태도를 보이면 아이의 불안이 더욱 심해질 수 있다.

불안한 아이를 다룰 때는 불안을 없애려 하기보다는 아이가 불안을 건강하게 다룰 수 있도록 도와주는 것이 중요하다. 구체적으로 먼저 '부모의 태도'는 아이의 '안전 기지'가 되어주어야 한다. 아이의 불안을 무조건 없애려 하지 말라. "괜찮아, 걱정할 필요 없어"라고 말하는 것보다 "네가 그렇게 느끼는 게 이해돼"라고 아이의 불안을 어느 정도 인정해 주는 것이 더 효과적이다. 즉, 불안을 억누르지 말고 표현할 수 있도록 유도하라. "무서웠구나, 어떤 점이 제일 힘들었어?"

라고 물어보며 감정을 말로 표현하도록 돕는 것이 중요하다. 하지만 아이의 감정을 존중하되 과도한 보호는 피해야 한다. 예를 들어, 아이가 발표를 두려워한다고 해서 발표 자체를 피하게 해서는 안 된다. 대신, 발표 전에 연습할 시간을 충분히 주고 작은 성공 경험을 쌓도록 도와주면 된다.

다음은 '불안을 조절하는 훈련'이다. '불안은 다룰 수 있는 감정'이라는 점을 알려주는 거다. 그러기 위해서는 첫째, 불안을 수치스럽게 여기지 않도록 해야 한다. "불안해하는 게 부끄러운 게 아니야. 누구나 그런 감정을 느낄 수 있어"라는 말로 아이가 불안을 느끼는 것을 부끄러워하지 않도록 도와준다. 둘째, 걱정을 구체적으로 말하도록 유도하기다. "네가 걱정하는 일이 정확히 뭐야?" "그 일이 일어날 확률은 얼마나 될까?" "그 일이 생기면 어떻게 대처하면 좋을까?"처럼 구체적으로 질문하면 아이의 막연한 불안이 줄어든다. 셋째, 현실 검증 연습이다. "너는 발표를 망칠 거로 생각하지만, 과거에 발표를 잘한 적도 있지 않았어?"라고 말하면서 아이가 부정적인 생각을 객관적으로 볼 수 있도록 도와준다.

'불안을 다루는 실전 방법'은 아이가 '스스로 조절하는 능력'을 키우는 거다. 구체적인 방법 몇 가지를 여기에 소개한다.

① '5-4-3-2-1 감각 집중법' 사용하기. 불안이 올라올 때, 다음을 생각하게 하면 된다.
– 지금 내 눈에 보이는 것 5가지
– 내 귀에 들리는 소리 4가지

- 내 몸이 느끼는 감각 3가지
- 내가 맡을 수 있는 냄새 2가지
- 내가 맛볼 수 있는 것 1가지

이런 식으로 감각에 집중하면 불안한 생각에서 벗어날 수 있다.

② '만약에…'라는 질문을 '그러면 어떻게 하지?'로 바꾸기.
"만약 발표하다가 실수하면 어떡해?"라는 말 대신 "그러면 어떻게 대처할 수 있을까?"로 바꿔 말하면, 막연한 걱정이 구체적인 해결책으로 바뀐다.

③ 숨쉬기 훈련(4-7-8 호흡법)
숨을 4초 동안 들이마시고, 7초 동안 참았다가 8초 동안 천천히 내쉬는 거다. 이런 호흡법은 불안할 때 즉시 신체적 긴장을 낮추는 효과가 있다.

이런 아이를 다룰 때 부모가 꼭 기억해야 할 다섯 가지 원칙이 있다. 첫째, 아이의 감정을 무시하지 말 것. "그까짓 걸로 왜 걱정해?"라는 말은 오히려 불안을 키운다. 둘째, 불안을 피하는 대신 불안을 다룰 수 있도록 도와줄 것. 아이가 무서운 걸 피하도록 돕는 것이 아니라 조금씩 도전하며 성공 경험을 쌓게 해야 한다. 셋째, 부모가 먼저 불안을 조절하는 모습을 보여줄 것. 부모가 불안해하며 아이를 다그치면 아이는 더 불안해진다. 넷째, 실수해도 괜찮다는 메시지를 줄 것. "실패해도 괜찮아. 다시 한번 해보는 게 중요해"라고 말하면 된다.

다섯째, 불안을 줄이는 습관을 길러줄 것. 규칙적인 생활, 충분한 수면, 건강한 식습관, 운동은 불안을 낮추는 데 효과적이다.

마무리하며 – 불안해도 괜찮아, 그 마음을 함께 들어주는 일

불안 지수가 높은 아이는 단순히 '겁이 많은 아이'가 아니다. 그들은 자기 내면에서 끊임없이 싸우고 있으며, 세상을 조금 더 복잡하게 받아들이는 섬세한 감정의 소유자일 수 있다. 이 아이들이 필요로 하는 것은 "너는 왜 그렇게 예민하니?"라는 질책이 아니라, "네 마음이 어떤지 궁금해"라는 따뜻한 관심이다. 불안은 결코 부정적인 감정만은 아니다. 그것은 때로 우리를 조심하게 하고, 성찰하게 하며, 신중하게 만드는 귀한 신호이기도 하다.

부모가 아이의 불안을 억누르거나 덮어버리려 하면, 아이는 자신의 감정을 부끄럽고 감춰야 할 것으로 인식하게 된다. 그러나 부모가 아이의 불안을 존중하고 함께 다루는 방법을 알려주면, 아이는 '불안해도 괜찮고, 나는 이 감정을 조절할 수 있어'라는 믿음을 갖게 된다. 이것이 바로 정서적 회복탄력성(resilience)의 출발점이다.

불안한 아이를 양육한다는 건 때때로 부모 자신도 불안을 직면해야 하는 과정이기도 하다. 그래서 부모 역시 자기 감정을 돌아보고, 아이와 함께 성장해야 하는 여정임을 잊지 말아야 한다. 아이는 오늘도 그 작은 마음 안에서 수많은 감정을 버티며 하루를 살아낸다. 우리가 할 수 있는 가장 큰 선물은 그 마음의 무게를 함께 들어주는 것이다. "불안해도 괜찮아. 너는 그걸 이겨내는 힘이 있어." 이 한마디가 아이 인생의 중요한 전환점이 될 수 있다.

✅ 체크리스트

최근 1~2개월 동안 아이의 행동이나 정서를 떠올리며 체크해 주세요.

❖ 아이의 정서적 반응

☐ 사소한 일에도 쉽게 걱정하거나 불안해하는 모습이 자주 보인다.

☐ 새로운 환경이나 변화(예: 학기 시작, 낯선 사람, 이사 등)에 과도한 긴장 반응을 보인다.

☐ "괜찮을까?" "이상하면 어떡하지?" "실수하면 안 돼" 같은 말을 자주 한다.

☐ 자신이 하는 일에 대해 실수나 실패를 할지도 모른다는 두려움이 크다.

☐ 불안할 때 손톱을 물어뜯거나, 옷을 만지작거리거나, 안절부절 못하는 행동을 한다.

❖ 신체 반응과 습관 변화

☐ 의학적 원인이 없는데도 자주 복통, 두통, 소화불량, 어지럼증, 가슴 두근거림을 호소한다.

☐ 잠자리에 들기 전 또는 외출 전 긴장하거나 자꾸 배가 아프다고 한다.

☐ 수면의 질이 낮고 악몽을 자주 꾸거나 자다 깨는 일이 많다.

☐ 낯선 사람 앞에서 말을 더듬거나 목소리가 현저히 작아진다.

☐ 불안한 상황을 회피하기 위해 자주 핑계를 대거나 아프다고 말한다.

❖ **사회적 행동 및 회피 반응**
☐ 친구나 또래와의 활동에 대해 소극적이거나 거리를 두려는 태도를 보인다.
☐ 발표, 발표 준비, 시험 등에 대해 심한 걱정이나 긴장을 지속적으로 표현한다.
☐ 엄마·아빠와 떨어지기를 유난히 힘들어하거나 분리 불안을 보인다.
☐ 불안해질 것 같은 상황을 미리 걱정하며 반복적으로 묻거나 확인하려 한다.
☐ 자신의 감정(불안, 걱정 등)을 말로 잘 표현하지 못하고 속으로 억누르는 것처럼 보인다.

점검 결과 해석

0~4개: 일시적인 긴장이나 걱정 수준으로 보인다. 일상 속 안정감을 줄 수 있는 환경 조성과 공감적 대화로 충분히 조절이 가능하다.
5~8개: 경도에서 중등도 수준의 불안이 의심된다. 불안을 다루는 기술(호흡, 감정 명명, 자기 말 훈련 등)과 일관된 양육 태도가 필요하며, 상담적 접근을 병행하면 좋다.
9개 이상: 지속적이고 생활 전반에 영향을 미치는 불안일 가능성이 높다. 다음과 같은 경우는 전문가 상담 또는 심리 평가가 필요하다.

전문가 상담이 필요한 경우

① 수면장애, 신체 증상, 회피 행동이 일상생활에 영향을 주는 경우

② 학교 등 사회적 기능 저하가 나타나는 경우
③ 불안을 지나치게 감추거나, 반대로 폭발적으로 표현하는 경향이 있는 경우
④ 분리불안, 시험 불안, 강박 사고가 반복되는 경우

'매사에 눈치만 보는 아이' 다루는 법

— feat. 무엇보다도 눈치를 보는 이유부터 파악해야 한다.

유독 눈치를 많이 보는 아이가 있다. 친구들이 뭘 원하는지 살피느라 자기 의견을 말하지 못하고, 부모의 기분이 어떤지 계속 확인하며 실수할까 봐 두려워하는 아이들 말이다. 이런 아이들을 보면 안쓰러운 마음이 들면서도 "좀 당당하게 말해봐!" 혹은 "왜 그렇게 남의 눈치를 보니?"라고 다그치기 쉽다. 하지만 이런 태도가 오히려 아이를 더 위축되게 만들 수 있다. 눈치를 많이 보는 아이는 단순히 성격이 소심해서가 아니라 그럴 수밖에 없는 나름의 이유가 있기 때문이다. 그렇다면 아이는 왜 눈치를 보게 되었을까? 그리고 부모는 어떤 방식으로 도와줄 수 있을까?

아이들이 눈치를 많이 보는 이유는 여러 가지가 있다. 다음은 가장 흔한 원인이다.

첫째, 부모의 반응이 예측 불가능할 때다. 같은 행동을 해도 어떤 날은 부모가 웃어주고, 어떤 날은 화를 내며 혼을 낸다면 아이는 '이 행동을 하면 괜찮을까, 안 괜찮을까?'를 고민하며 부모의 눈치를 보게 된다. 예를 들어, 아이가 컵을 실수로 쏟았을 때 어떤 날은 "괜찮아, 다음부터 조심하면 돼"라고 했다가, 또 어떤 날은 "너는 왜 이렇게 조심성이 없니?"라고 혼을 낸다면 아이는 부모의 기분을 먼저 살피고 행동하는 습관을 갖게 된다.

둘째, 완벽주의적 성향을 보이는 아이다. 실수하면 혼날까 봐 두려운 아이들은 항상 주변 반응을 살핀다. 이들은 자신이 실수하면 '사람들이 날 싫어할 거야'라고 생각한다. 그래서 완벽하게 행동해야 한다는 부담을 갖고 눈치를 보게 된다. 예를 들어, 학급에서 발표할 때 '이렇게 말하면 친구들이 바보 같다고 생각할까?' '선생님이 이 답을 틀렸다고 하면 어쩌지?'처럼 생각하면서 발표 자체를 피하려는 경향이 있다.

셋째, 부모가 과도하게 통제할 때다. 부모가 아이에게 "이렇게 해!" "그렇게 하면 안 돼!"라며 지시를 많이 할수록 아이는 자신의 의견보다는 부모가 원하는 대로 행동하려는 습관이 생긴다. 예를 들어, 아이가 "오늘 빨간 옷을 입고 싶어요!"라고 했을 때 부모가 "빨간색은 너무 튀잖아. 파란색으로 입어!"라고 하면, 아이는 '나는 내 의견을 말해도 소용없어'라고 생각하며 눈치를 보게 된다.

넷째, 부모가 감정적으로 대응할 때다. 부모가 화를 내면서 "넌 대체 왜 그래?" "넌 왜 그 모양이야?" 같은 인격적인 비난을 자주 한다면, 아이는 자신이 뭘 잘못했는지도 모른 채 부모의 감정을 맞추는 데 집중하게 된다. 결국 '부모님이 좋아하는 행동을 해야 사랑받을 수 있어'라고 생각하며 눈치를 보게 된다. 예를 들어, '엄마가 오늘 기분이 안 좋아 보이는데, 조용히 있어야겠다' '아빠가 피곤해 보이니까 지금 숙제 검사해 달라고 하면 안 될 것 같아'처럼 말이다.

다음과 같은 특징을 가진 부모 밑에서 자란 아이들은 눈치를 많이 볼 가능성이 높다. 먼저, 감정 기복이 심한 부모다. 부모가 기분에 따라 반응이 달라지는 경우, 아이는 부모의 눈치를 볼 수밖에 없다. 기분 좋을 때는 "우리 아들 최고야!"라고 했다가, 기분 나쁠 때는 "너 때문에 내 속이 터진다. 터져!"라는 식의 태도가 반복되면, 아이는 '부모님의 기분이 나쁜 건 내 탓이야'라고 생각하게 된다.

다음은 아이의 감정을 존중하지 않는 부모다. 아이가 "난 이게 싫어요" 혹은 "난 이게 좋아요"라고 말했을 때, 부모가 무시하거나 반대하면 아이는 자신의 감정보다는 부모가 원하는 감정을 표현하려고 노력한다.

그리고 사랑을 조건적으로 주는 부모다. "네가 공부 잘하면 예뻐해 줄게" "착한 아이여야 사랑받을 수 있어"처럼 사랑을 받을 조건이 많을수록, 아이는 사랑받기 위해 눈치를 볼 수밖에 없다.

그렇다면 눈치를 많이 보는 아이를 어떻게 도와줄까?

첫째, 아이의 감정을 존중하고 공감해 주어야 한다. "엄마가 지금 좀 화가 났지만, 너한테 실망한 건 아니야" "너도 네 생각이 있구나. 그럴 수도 있겠다!"라는 식으로 아이의 감정을 존중하고, 감정을 표현할 수 있도록 도와줘야 한다. 둘째, 실수해도 괜찮다는 메시지를 주어야 한다. 아이가 실수했을 때, "괜찮아, 다음에는 더 잘할 수 있어" "실수해도 엄마 아빠는 널 사랑해"라고 말해주면, 아이는 실수를 두려워하지 않게 된다. 셋째, 아이가 자기 의견을 말할 수 있도록 격려해야 한다. "너는 어떻게 생각해?"라고 물어봐 주고, 아이가 자신의 의견을 표현했을 때 "좋은 생각이네!"라고 반응해 주면 된다. 넷째, 아이에게 '눈치를 볼 필요가 없는 환경'을 만들어주는 것이 중요하다. 부모가 감정을 예측할 수 있게 표현하면 아이도 눈치를 덜 보게 된다. "엄마는 지금 피곤하지만, 네 말을 들어줄 수 있어" "아빠가 화난 건 네가 아니라 오늘 회사에서 있었던 일 때문이야"라는 식이다. 다섯째, '착한 아이 콤플렉스'를 벗어나게 해주어야 한다. "네가 원하는 걸 말해도 괜찮아" "모든 사람을 만족시킬 필요는 없어"처럼 아이가 남의 눈치를 보는 것이 아니라, 자기 감정을 솔직하게 표현할 수 있도록 도와줘야 한다.

마무리하며 – 눈치만 보던 아이, 이제는 당당하게

눈치를 많이 보는 아이는 단순히 '소심한 성격'이 아니라 자신이 어떻게 행동해야 할지 확신이 없는 것이다. 이런 아이들이 '나는 괜찮은 사람이야!' '내 생각을 말해도 돼!'라고 믿게 하려면, 부모가 먼저 변해야 한다. 아이가 실수했을 때 혼내기보다 "괜찮아, 다음엔 더 잘할 수 있어!"라고 격려해 주는 것. 아이의 의견이 다를 때, "너는 그렇게 생각하는구나!"라고 인정해 주는 것. 감정 기복을 줄이고, 부모의 반응이 예측 가능하도록 만들어주는 것. 이런 작은 변화들이 아이를 점점 더 자신감 있는 사람으로 성장하게 만든다.

그리고 무엇보다도, 아이에게 '넌 네 모습 그대로도 충분히 소중한 존재야'라는 메시지를 꾸준히 주는 게 가장 중요하다. 세상은 아이가 '모든 사람의 눈치를 보며 살아야 하는 곳'이 아니다. 자신의 감정과 생각을 자유롭게 표현하며 때로는 실수도 하고, 자기만의 길을 만들어 나가면서 당당하게 살아갈 힘을 길러주는 게 부모의 역할이다. 부모가 '남 눈치 안 보고 살아도 괜찮아!'라는 걸 먼저 보여준다면, 아이는 자연스럽게 그 모습을 보고 배우며 성장할 것이다.

✅ 부모용 체크리스트

최근 1~2개월 동안 아이의 행동을 떠올리며 체크해 주세요.

❖ **아이의 정서 및 행동 특성**

☐ 무엇을 하든지 부모나 주변 사람의 표정을 자주 살핀다.
☐ 자신의 의견이나 욕구를 말할 때 상대 반응을 먼저 의식한다.
☐ 실수했을 때 혼날까 봐 과도하게 두려워하거나 바로 사과한다.
☐ 누가 뭐라고 하지 않아도 자신을 먼저 탓하거나 위축된 반응을 보인다.
☐ 누군가 화가 나 있거나 말이 없으면 "내가 잘못했어?"라고 자주 묻는다.

❖ **사회적 관계 속, 눈치 보기**

☐ 또래와 노는 중에도 주도적으로 의견을 내기보다는 따라가는 편이다.
☐ 친구 사이에서도 거절을 못 하고, 하고 싶지 않아도 응한다.
☐ 어른들이 있을 때 눈치를 보며 말수가 줄어들거나 몸을 움츠린다.
☐ 또래 사이에서 자신이 피해를 입어도 참고 넘기는 일이 많다.
☐ "싫어요" "그건 아닌 것 같아요" 같은 표현을 잘하지 못한다.

❖ **감정 표현과 자기주장**

☐ 속상하거나 억울해도 울거나 말하지 않고 참고 있는 경우가 많다.
☐ 부모가 화를 내거나 목소리를 높이면 금방 위축되거나 위축된 눈

빛을 보인다.
- ☐ "나는 괜찮아" "그냥 해줄게" 같은 말로 자신의 감정을 숨기려 한다.
- ☐ 부모가 부당한 대우를 해도 항의하거나 감정을 표현하지 않는다.
- ☐ 혼자 있는 걸 더 편해하고, 자신을 드러내는 활동은 꺼린다.

점검 결과 해석

0~4개: 일상적인 수준의 눈치 보기로 보인다. 부모의 수용적 태도와 감정 표현 모델링을 통해 스스로 감정을 드러낼 기회를 주면 된다.

5~8개: 눈치 보기 성향이 일상생활에 영향을 주는 수준일 수 있다. 감정 표현 훈련, 자기주장 교육, 부모의 양육 태도 점검이 필요하다.

9개 이상: 과도한 눈치 보기로 인해 자존감 저하, 위축, 불안 성향이 우려된다. 다음에 해당하면 전문가 상담이나 정서 평가를 권장한다.

전문가 상담이 필요한 경우

① 감정 표현을 거의 하지 않거나 억제된 상태로 지내는 경우
② 또래 관계에서 반복적으로 희생하거나 이용당할 때
③ 집단 활동, 발표, 대화에서 위축과 소외감을 지속적으로 느낄 때
④ 과거 부정적 양육 경험(비난, 폭언, 과도한 통제)이 있었다면 더욱 주의가 필요하다.

'엄마만 졸졸 따라다니는 아이' 다루는 법

― feat. 그들의 행동보다 불안을 먼저 이해하라.

"엄마! 나랑 같이 가!" "엄마 없으면 나 무서워…" "어디 가? 나도 갈래!" 이런 식으로 하루 종일 엄마만 졸졸 따라다니는 아이. 잠깐이라도 엄마가 안 보이면 눈물을 글썽이고, 다른 사람과 있어도 불편해하며, 화장실까지 따라오는 아이를 보고 있노라면 부모는 당황하거나 피로감을 느끼기 마련이다. 하지만, 이 아이들의 '집착'에는 단순한 애정 이상의 것이 숨어 있다. 그건 바로 '불안' 특히 '분리불안(separation anxiety)'일 가능성이 높다.

분리불안은 대부분 생후 8~10개월 사이에 처음 나타나고, 만 3세 전후까지는 매우 자연스러운 발달 과정의 일부다. 이 시기의 아이들은 이제 막 '엄마는 나와 분리된 존재'라는 걸 인지하기 시작하면서도 엄마가 사라지면 다시 돌아온다는 믿음(대상 항상성)[1]은 아직 부

---

1) 대상 항상성(Object Constancy)은 어떤 사람이 곁에 없더라도 그 사람에 대한 안정적인 표상을 유지하는 능력을 말한다. 심리학에서는 안정적인 애착 관계가 형성되는 데 있어 대상 항상성이 중요하다고 생각한다.

족하다. 즉, 눈앞에 엄마가 안 보이면 '엄마가 나를 버렸다'라는 극단적인 감정이 들기도 한다.

문제는 '시기'와 '강도'다. 정상적인 발달 과정으로서의 분리불안은 적절한 시기에 자연스럽게 완화된다. 하지만 다음과 같은 경우라면 조금 더 세심한 접근이 필요하다.

① 또래와 비교하면 의존성이 심하게 크고, ② 집 밖이나 낯선 환경에선 지속적으로 불안해하며, ③ 유치원 적응이 장기간 어렵거나, ④ 엄마가 잠깐 사라져도 극도로 긴장하거나 공황 반응을 보이는 경우라면 단순한 애착 문제가 아니라 양육 환경, 기질, 심리적 요인까지 폭넓게 점검해 보아야 한다.

종종 아이가 졸졸 따라다니는 것처럼 보이지만 실제로는 엄마가 먼저 아이를 놓지 못하는 경우도 적지 않다.

"이렇게 어린애를 다른 사람한테 맡기면 불안해."

"얘는 나 없으면 못 살걸⋯."

"아직도 엄마 품이 필요한 시기니까."

이처럼 엄마가 아이를 놓지 않으려는 마음 혹은 아이 없이 불안한 마음이 아이에게 그대로 전달되어 분리를 두려워하는 아이로 만들 때도 있다.

부모와 아이는 정서적으로 밀접하게 연결되어 있기 때문에 엄마의 불안, 과잉보호, 과도한 개입이 아이의 불안감을 부추기고 유지하는 원인이 될 수 있다. 아이가 잘 못 떨어지는 것이 아니라, 엄마가 아이를 놓지 못함으로써 아이가 떨어질 수 없게 되는 것이다.

이런 상황에서는 아이의 분리불안을 다루기 전에 양육자의 정서 상태를 먼저 돌아보는 것이 중요하다. '내가 아이를 너무 꽉 쥐고 있지는 않은가?' '나의 불안이나 결핍이 아이를 통해 채워지고 있지는 않은가?' 스스로에게 던져보아야 할 질문이다.

꼭 분리불안만이 원인은 아닐 수도 있다. 첫째, 기질적으로 예민하거나 낯가림이 심한 아이일 수 있다. 선천적으로 새로운 환경, 사람에 대한 경계심이 높은 기질을 가진 아이들은 자연스럽게 가장 익숙한 존재인 '엄마'에게 과도하게 의존하는 경향이 있다. 둘째, 양육 환경에서의 불안감 때문이다. 양육자의 잦은 외출로 인한 반복된 부재, 예기치 않은 분리, 불안, 우울 등 양육자의 감정 기복이 큰 경우, 형제와의 경쟁적 관계, "너 말 안 들으면 엄마가 버리고 갈 거야" 같은 위협적인 언어 사용 등도 아이에게 '세상은 안전하지 않다'라는 인식을 심어줄 수 있다. 셋째, 발달상의 지연이나 불균형이다. 언어 능력이 낮거나 또래와 어울리는 능력이 떨어지는 경우 아이는 자신감이 부족해져 더욱 엄마에게만 매달릴 수 있다.

졸졸 따라다니는 아이, 어떻게 대해야 할까?

첫째, 아이의 '불안'을 먼저 인정하자. "너는 왜 그렇게 엄마만 따라다녀?"라고 하기보다는 "엄마랑 떨어지는 게 무섭구나. 괜찮아, 엄마는 꼭 다시 돌아와"라는 식으로 아이의 감정을 수용하고 공감하는 경험이 아이를 더 빠르게 성장시킨다. 그게 불안을 다스리는 '첫걸음'이다. 둘째, 일관된 분리 연습을 시작하라. 처음엔 3~5분, 다음엔 10분 이런 식으로 점차 시간을 늘리며 짧고 긍정적인 분리 경험을 만들어주자.[2] 셋째, 안정적인 다른 애착 대상 키우기를 하라. 아빠,

조부모, 교사 등 제2의 애착 대상이 존재할수록 아이는 덜 불안해한다. 넷째, 역할놀이와 책을 통한 감정연습이다. 분리 상황을 소재로 한 동화책이나 역할극, 인형 놀이를 통해 '떨어져도 다시 만난다' '혼자서도 안전하다'라는 메시지를 전하는 거다. 다섯째, 엄마의 태도는 단호하고 안정적이어야 한다. 엄마가 불안해하거나 망설이는 모습은 아이에게 그대로 전해진다. 떠날 땐 미소로 "금방 올게" 돌아오면 반가운 표정으로 "엄마 왔다~"라고 말하는, 예측할 수 있는 일관성이 핵심이다.

적절하게 불안을 이겨낸 아이는 정서적으로 안정되고, 다른 사람과 깊은 관계를 맺을 수 있으며, 자기 주도성과 공감 능력을 갖춘 어른으로 성장할 가능성이 높다. 반대로 아이가 지나치게 엄마에게 의존한 채 성장할 경우 독립적인 판단을 어려워하고, 사회적 도전에 취약하며, 때로는 회피성 성격, 불안장애, 자기효능감 저하로 이어질 수도 있다.

마무리하며 – '진짜 분리'는 심리적 거리로부터 시작된다.

아이의 '졸졸 따라다님'은 단순히 귀엽고 애교 많은 행동이 아니다. 그 이면에는 '나는 아직 혼자 감당하기엔 세상이 낯설고 무서워요'라는 작은 마음의 목소리가 숨어 있다. 그럴수록 아이는 본능적으로 자신에게 가장 안전한 존재, 바로 '엄마' 곁을 찾게 된다. 이런 모습은 어쩌면 아이가 건강한 애착을 형성 중이라는 긍정적인 신호일 수

---
2) 단, 분리가 갑작스럽게 혹은 몰래 이루어지면 오히려 불안만 증폭된다.

있다. 하지만 부모가 이 시기를 적절하게 이끌어주지 못한다면, 그 애착은 자율성과 독립으로 이어지지 못하고, 의존과 불안이라는 굴레에 머물게 될지도 모른다.

때로는 아이보다 먼저 부모가 한 걸음 물러서는 용기가 필요하다. "조금 떨어져 있어도 우리는 여전히 연결되어 있어" "엄마는 널 믿고 있어. 혼자서도 잘 해낼 수 있을 거야" 같은 신뢰의 메시지를 몸짓과 눈빛, 일관된 행동으로 반복해서 보여줄 때, 아이의 내면에는 '세상은 안전하다' 그리고 '나는 혼자서도 괜찮은 사람이다'라는 믿음이 자라기 시작한다.

진짜 '분리'는 엄마가 자리를 비우는 것이 아니라, 서로의 마음이 건강한 거리감 속에서도 연결되어 있음을 느끼는 것이다. 이런 관계 안에서 아이는 조금씩 부모 품을 벗어나 세상을 향해 두려움 없이 나아갈 준비를 하게 된다. 지금 아이가 졸졸 따라다닌다면, 그건 '떨어질 준비가 아직 안 됐어요'라는 작은 구조 요청이다. 그 신호를 비난이나 걱정으로 받아들이지 말고 따뜻하게 끌어안고, 조금씩 연습하며, 천천히 아이를 세상으로 이끌어주어라. 아이의 독립은 밀어내는 것이 아니라, 안전하게 놓아주는 것에서 시작된다.

✅ 체크리스트

최근 1~2개월간 자녀의 행동을 떠올리며, 아래 항목에 해당하면 체크해 주세요.

❖ **아이의 행동 특징**
☐ 엄마가 방에서 나가면 즉시 따라 나가거나 울음을 터뜨린다.
☐ 낯선 공간에서는 꼭 엄마 손을 잡고 움직이려 한다.
☐ 집 안에서도 엄마의 움직임을 계속 따라다닌다.
☐ 아빠나 다른 가족이 돌보려고 하면 거부하거나 울며 엄마만 찾는다.
☐ 엄마가 잠시 전화를 하거나 다른 사람과 대화하면 불안해하거나 끼어들려 한다.

❖ **감정 및 의존 양상**
☐ 잠들기 전까지도 엄마가 곁에 있어야 안심한다.
☐ 엄마와 떨어질 상황(등원, 외출)에 대해 극심한 거부 반응을 보인다.
☐ 놀이터나 유치원에서도 혼자 노는 대신 엄마를 찾으러 다닌다.
☐ 다른 보호자에게 안기는 것을 극도로 거부하거나 긴장한다.
☐ 불편하거나 낯선 상황에서 "엄마~"라는 말부터 꺼낸다.

❖ **양육 환경 및 부모 반응**
☐ 엄마가 아이의 모든 요구에 즉시 반응하거나 해결해 주는 편이다.

☐ 엄마가 아이의 불안 반응을 줄이기 위해 늘 함께 있으려 한다.
☐ 분리 상황(등원, 외출 등)에서 엄마가 아쉬워하거나 미안해하는 모습을 자주 보인다.
☐ 평소에도 아이와 1:1 시간 외의 사회적 관계나 활동은 적은 편이다.
☐ 아이와 떨어져야 할 때, 엄마가 먼저 불안하거나 죄책감을 느낀다.

📋 점검 결과 해석

0~4개: 기본적인 애착은 안정적이며, 점진적인 분리 경험을 통해 더욱 독립적인 성장이 가능하다. 놀이와 대화 중심의 자율성 키우기 활동을 함께 하면 된다.

5~9개: 엄마에게 정서적 의존이 크고, 낯선 상황에 불안감을 느끼는 경향이 있다. 안정적 애착 유지와 함께, 짧고 안전한 분리 연습, 대체 인물(아빠, 조부모 등)과의 관계 확장이 중요하다. 엄마 역시 분리 시 불안이나 죄책감을 줄이고, 자녀의 독립심을 응원해 주면 된다.

10개 이상: 자녀가 심한 분리불안을 겪고 있으며, 엄마 중심의 양육 환경이 고착화되어 있을 수 있다. 아래 경우에는 전문가 상담이 필요할 수 있다.

💬 전문가 상담이 필요한 경우

① 유치원/어린이집 등원 거부가 지속적으로 심하고 일상생활에 어려움이 있는 경우
② 타인과의 상호작용을 거부하거나 눈에 띄게 불안한 경우

③ 엄마가 아이와의 분리를 지나치게 두려워하거나 회피하는 경향이 강한 경우
④ 아이가 스스로 노는 능력이나 자율성 발달이 또래보다 매우 낮은 경우

'낯가림이 심한 아이' 다루는 법

— feat. 낯가림, 문제일까? 아니면, 기질 중 하나일까?

아이를 데리고 친척 집이나 모임 자리에 나가면 다른 아이들은 밝게 인사도 하고 금방 어울리는데 내 아이는 내 뒤에 숨어 꼼짝도 안 하고, 다른 사람이 말을 걸어도 고개조차 들지 않는다. "얘는 왜 이렇게 인사를 안 해?" "부끄러움이 너무 심한 거 아니야?" "사람들 앞에선 좀 당당하게 행동해야지!" 이런 상황이 반복되다 보면 부모도 답답해지고, 자꾸만 아이를 재촉하거나 실망하게 된다. 하지만 이럴 때 필요한 건 훈육이 아니라 아이의 기질을 이해하고 기다려주는 태도다.

낯가림은 결코 비정상적인 행동이 아니다. 실제로 많은 아이들이 성장 과정에서 낯을 가린다. 특히 예민하고 감각이 섬세한 아이들 또는 새로운 환경에 적응하는 데 시간이 필요한 아이들은 처음 보는 사람이나 익숙하지 않은 상황 앞에서 자신을 드러내기보다 관찰하고, 거리를 두며 안전함을 확보하려 한다. 즉, 낯가림은 아이가 세상을 조심스럽고 신중하게 받아들이는 방식이며 그 자체로는 성격의 일종, 기질적인 특성이다.

낯가림이 심한 아이의 일반적인 특징
① 처음 보는 사람 앞에서 말하지 않거나 눈을 마주치지 않는다.
② 새로운 환경에서는 위축되거나 부모에게 꼭 붙어 있으려 한다.
③ 낯선 활동이나 단체 활동에 쉽게 참여하지 못하고 망설인다.
④ 사회적 상황에 예민하게 반응하고, '관찰자'로 머무는 시간이 길다.
⑤ 익숙해지면 훨씬 활발하고 따뜻한 면을 보여준다.
이런 특징은 흔히 내향적이고 신중한 기질의 일부이며, 단점이 아니라 강점으로 발전할 수 있는 요소이기도 하다. 문제는 부모나 주변 어른들이 이 특성을 부정적으로 해석하고 억지로 바꾸려 할 때 발생한다.

이런 아이들을 어떻게 대해야 할까?
첫째, 강요하지 말고, 시간 주기다. "인사 좀 해!" "왜 가만히 있어?" 이런 말은 아이에게 '나는 부족한 아이야'라는 느낌을 줄 수 있다. 강요보다는 "처음이라 낯설지?" "괜찮아, 조금 있다가 해도 돼" 같은 말로 아이가 스스로 마음을 열 수 있도록 여유를 주는 것이 중요하다. 둘째, 아이의 기질을 존중하는 태도다. 낯가림이 심한 아이는 말수가 적고 조용해 보이지만 속으로는 상황을 관찰하고 신중하게 판단 중일 수도 있다. "이 아이는 말을 잘 안 해요" 같은 평가보다는 "이 아이는 상황을 잘 살피고 조심스럽게 행동해요"라고 긍정적인 관점에서 바라보는 시선이 필요하다.

셋째, 미리 준비시켜 주는 것이 효과적이다. 갑작스러운 만남이나 낯선 상황은 이 아이들에게 큰 부담이 된다. "오늘은 삼촌을 만날 거야. 삼촌이 네 또래 때 어땠는지 이야기해 줄 거야"처럼 예고와 시각적 정보, 이야기를 통해 상황을 미리 그림 그리게 해주는 게 도움이 된다. 넷째, 사람보다 '상황'에 초점을 맞추게 하기다. "삼촌한테 인사해!"보다 "삼촌이랑 그림 그려볼래?" 같은 접근이 아이들에게 훨씬 수월하다. 관계 중심이 아니라 활동 중심으로 상황을 연결하면 아이도 자연스럽게 긴장을 풀고 참여할 수 있게 된다.

부모는 무엇보다도 아이를 사람들 앞에서 평가하거나 놀리지 말아야 한다. "얘는 인사도 못 해요" 같은 말은 아이를 더 움츠러들게 만든다. 다음은 다른 아이와 비교하지 말아야 한다. "누구는 잘만 하는데 넌 왜 못 해?"는 아이의 자존감을 떨어뜨린다.

또, 아이가 말을 잘 못 할 때 "지금은 부끄러워서 그런 거야. 나중에 인사할 수 있을 거야"라고 따뜻하게 감정을 통역해 주는 것도 큰 힘이 된다. 그리고 시간이 걸려도 기다려주어야 한다. 낯가림이 있는 아이는 자신만의 속도로 사람들과 관계를 맺는다. 그 과정을 존중해 줄 때, 아이는 자기를 부끄러워하지 않고 자신을 이해하게 된다.

이런 아이들은 이렇게 이끌어야 한다.

첫째, 무리하게 외향적으로 만들려 하지 말기다. 낯가림은 고쳐야 할 단점이 아니라 자신만의 인간관계 스타일이다. 억지로 고치려 하기보다 아이가 안전하다고 느끼는 환경을 만들어주면 스스로 마음을 열고 세상과 소통할 수 있다. 둘째, 성공 경험을 자주 쌓게 하기다. 소규모 활동, 친한 친구와의 놀이처럼 안정감을 느끼는 상황에서 즐거운 경험을 하게 해주면 점차 사회적 자신감을 회복한다. 셋째, 관찰력과 감수성을 살려주는 환경 만들기다. 낯가림이 심한 아이들은 세심하고 감성적일 가능성이 크다. 이들의 장점이 피어날 수 있도록 책, 예술, 동물 돌보기 같은 조용하지만 깊이 있는 활동을 제공해 보자.

마무리하며 – 세상에 다가가는 저마다의 리듬

낯가림은 병이 아니고 나쁜 습관도 아니다. 그것은 단지 아이가 세상을 받아들이는 다른 리듬과 고유한 속도일 뿐이다. 내 아이가 조금 느리게 사람들과 친해진다고 해서 그 아이가 부족하거나 틀린 건 아니다. 오히려 낯가림이 심한 아이는 세상을 더 깊이 보고, 더 섬세하게 느끼는 능력을 갖추고 있을 가능성이 높다.

부모가 해야 할 일은 아이를 억지로 바꾸려 하기보다 있는 그대로 존중하고 믿어주는 것이다. "왜 그걸 못 해?"가 아니라 "네가 편할 때까지 기다릴게"라는 메시지는 아이에게 세상에서 가장 큰 안정감이 된다. 누군가를 만나는 것이 두렵고 낯설 때, 부모가 옆에서 "괜찮아, 너는 너의 속도로 해도 돼"라고 말해줄 수 있다면, 그것만으로도 아이는 스스로를 받아들이는 법을 배우게 된다.

이 아이들은 어쩌면 누구보다도 사람을 따뜻하게 바라보고, 깊은 관계를 소중히 여길 수 있는 아이일지도 모른다. 부끄러움을 감싸안아 주는 부모의 따뜻한 태도는 아이의 자존감과 사회성을 천천히, 그러나 단단하게 키워주는 뿌리가 될 것이다.

세상은 모두가 활발하고 외향적일 필요는 없다. 오히려 조용하고 신중한 시선으로 세상을 바라보는 아이가 있기에 더 따뜻하고 다채로운 세상이 만들어진다. 낯가림이 심한 아이에게는 그만의 리듬과 빛깔이 있다. 그 아름다움을 가장 먼저 알아봐 주는 사람이 부모이기를 바란다.

✅ 체크리스트

최근 3개월 동안 아이의 행동을 기준으로 체크해 주세요.

❖ 타인과의 관계 반응

☐ 낯선 사람을 보면 숨거나 울거나 회피하는 행동을 보인다.
☐ 새로운 장소나 사람이 있는 환경에서 부모 곁에서 떨어지지 않으려 한다.
☐ 타인이 말을 걸면 대답을 피하거나 아무 말도 하지 않는다.
☐ 또래 아이들이 있는 공간에서도 혼자 있으려 하거나 어른에게만 매달린다.
☐ 방문자(친척, 선생님 등)가 와도 인사하지 않거나 피한다.

❖ 적응 및 불안 반응

☐ 새로운 환경이나 활동 적응에 시간이 오래 걸린다.
☐ 유치원, 학원, 놀이방 등 처음 가는 곳에서는 심하게 울거나 거부 반응을 보인다.
☐ 이별 상황(예: 등원 시, 엄마와 떨어질 때)에 지속적으로 불안해한다.
☐ 몸을 웅크리거나 시선을 회피하며 불편한 태도를 자주 보인다.
☐ 또래보다 표현력이나 자기 주장이 약하고 소극적이다.

❖ 부모와의 관계 및 생활 반응

☐ 아이가 낯선 사람 앞에서는 반드시 부모의 손을 꼭 잡고 있으려 한다.

☐ 누군가 주는 물건(과자, 선물 등)도 받기를 거부하거나 부모를 통해서만 받는다.
☐ 활동에 참여하길 꺼리며, 관찰만 하고 적극적으로 뛰어들지 않는다.
☐ 자기소개, 발표, 노래 부르기 등을 매우 힘들어하거나 거부한다.
☐ 부모가 자리를 비우면 지나치게 불안해하거나 패닉 반응을 보이기도 한다.

점검 결과 해석

0~4개: 낯가림이 자연스러운 발달 과정일 수 있다. 대부분의 유아는 8개월~3세 무렵 일시적인 낯가림을 경험하며, 이는 정서적 애착과 사회성 발달의 일부다. 강요보다는 시간을 주고, 천천히 사회적 노출 경험을 늘리는 연습이 필요하다.

5~9개: 사회불안의 초기 신호일 수 있다. 아이가 새로운 환경이나 사람과의 관계에서 위축되고 소극적인 성향을 보일 수 있다. 아이의 기질, 부모의 반응 방식, 반복되는 상황을 고려해 자신감을 키우는 환경 조성이 중요하다. 점진적인 사회화 활동, 역할 놀이, 감정 표현 훈련이 도움이 된다.

10개 이상: 심리적 위축감, 분리불안, 사회불안 장애 가능성이 있다. 일상생활에 지장이 있거나, 아이가 극도로 회피하거나 불편함을 지속적으로 표현한다면 아동심리 전문가와의 상담을 권장한다.

전문가 상담이 필요한 경우

① 아이가 지속적이고 강한 회피 반응(숨기, 울기, 몸 떨기 등)을 보

일 경우
② 또래 또는 친인척 앞에서도 언제나 말없이 경직된 반응만 보일 경우
③ 이별 상황이나 낯선 환경에서의 불안이 매우 심하고 오래 지속될 경우
④ 아이가 대인관계를 지속적으로 거부하거나 소극적으로만 머무르려 할 경우

'잠자다가 깨어나서 우는 아이' 다루는 법

— feat. 아이의 밤은 때로 '두려움의 세계'일 수 있다.

잘 자던 아이가 갑자기 한밤중에 깨어 엉엉 울거나, 어디가 아픈 듯 신음하거나, 심지어 눈을 뜨고도 엄마를 알아보지 못한 채 멍하니 울고 있을 때도 있다. '어디가 아픈 걸까?' '무서운 꿈이라도 꿨나?' '왜 이러는 걸까?' 부모의 마음도 함께 덜컥 내려앉게 된다. 하지만 이런 상황은 유아기 아이들에게 상당히 흔하며, 대부분은 발달 과정의 일부로 자연스럽게 사라진다. 다만 왜 그런 일이 생기는지, 어떻게 반응해야 하는지를 알고 있으면 부모도, 아이도 훨씬 수월하게 그 시간이 지나갈 수 있다.

아이가 잠자다 깨서 우는 이유는 다음과 같다.

① 부분 각성상태인 경우

아이는 밤새 여러 번 수면 주기를 순환한다. 이때 얕은 잠에 들었다가 완전히 깨는 대신 중간에 부분적으로 각성하는 경우가 많다. 이때 잠결에 느낀 불쾌감, 불안감, 외부 자극 등이 합쳐져 갑자기 울 수 있다.

② 악몽

생생한 꿈을 꾸기 시작하는 시기다. 특히 낮 동안 무서운 이야기나 자극적인 영상에 노출된 아이는 꿈에서 그 기억이 떠오르며 무서워 깰 수 있다. 꿈과 현실의 경계가 흐릿한 유아기에 자주 발생한다.

③ 야경증(夜驚症, Night Terror)

잠결에 갑자기 비명을 지르거나 몸을 버둥대며 울고, 눈은 뜨고 있지만 부모를 인식하지 못하고, 진정시키기 어려우며, 다음 날 그 상황을 기억하지 못하는 경우가 많다. 보통 스트레스, 수면 부족, 정서적 불안, 고열 등이 원인으로 작용하며, 깊은 비렘(Non-REM) 수면[3] 상태에서 발생하는 것이 특징이다.

④ 성장통[4]

밤이 되면 다리가 아프다고 울며 깨는 아이도 있다. 성장판이 자극을 받는 시기이기도 하고, 낮 동안 과도한 활동 후 통증을 느낄 때도 있다.

⑤ 기질적으로 예민한 아이

태어날 때부터 감각이 예민하거나 환경 변화에 민감한 아이들은 작은 자극에도 쉽게 각성하며, 불편함을 표현하는 방식으로 '울기'를 선택할 수 있다.

⑥ 분리불안 또는 정서적 불안

---

3) REM 수면(Rapid Eye Movement 수면)은 수면 중 눈동자가 빠르게 움직이는 단계로, 꿈을 꾸는 수면이라고도 한다. 뇌의 활동이 가장 활발한 시기로, 피로 해소에 도움이 된다.
4) 성장통은 3~12세의 어린이가 특별한 원인 없이 다리의 근육이나 관절에 통증을 호소하는 증상이다. 뼈와 뼈 주변 조직의 성장 속도가 달라 생기는 일종의 근육통으로 여겨진다.

낮에 부모와의 갈등, 유치원 적응 문제, 동생 출생 등으로 인해 심리적 불안감이 커진 경우에도 자다 깨서 우는 일이 자주 발생한다.

이런 아이들의 심리적·기질적 특징은 ① 감각적 자극에 예민하거나 ② 낮의 스트레스를 수면 중 소화하지 못하거나 ③ 애착에 대한 불안감이 있는 경우, ④ 자기 표현력이 부족해 울음으로 감정을 표출하는 경우다. 대체로 자율 조절력이 아직 발달하지 않은 시기이며 '감정이 올라오면 그냥 폭발'해 버리는 시기이기도 하다. 이 시기에는 부모의 안정된 반응이 무엇보다 중요하다.

이 시기에 부모가 해야 할 일과 하지 말아야 할 일은 다음과 같다.

(1) 해야 할 일

① 아이를 탓하지 않기: "왜 또 울어?" "이 나이에 왜 이래"는 금물이다.
② 안정적인 신체 접촉: 안고, 쓰다듬고, 조용한 목소리로 말을 걸어주라. 아이의 감정을 그대로 수용하며 '함께 있어준다'라는 메시지를 주면 된다.
③ 자극 없는 환경 만들기: 자기 전에는 TV나 태블릿 등의 화면 자극, 무서운 이야기, 흥분되는 놀이를 자제해야 한다.
④ 취침 루틴 만들기: 따뜻한 목욕 → 조용한 책 읽기 → 안락한 조명 → 자장가 등 일관된 루틴은 큰 도움이 된다.
⑤ 영양 & 수면 상태 점검: 잠자기 전 바나나나 따뜻한 우유. 트립토판이라는 수면을 유도하는 아미노산이 포함되어 있어 효과적이다.
⑥ 불안한 일이 있었는지 되돌아보기: 낮에 있었던 갈등, 변화, 놀

람, 무서운 경험 등을 부모가 돌아보고 공감해 주면 된다.

(2) 하지 말아야 할 일
① 혼내거나 화내기
② 억지로 재우기
③ "울지 마"라고 말하기: 아이는 울음으로 감정을 표현할 수밖에 없는 시기다.
④ 모른 척하거나 방치하기: 불안을 방치하면 심화될 수 있다.

다음과 같은 경우라면 소아정신과 상담을 고려해 보는 게 좋다.
① 야경증이 자주 반복되고 너무 심하게 울거나 폭력적인 행동을 동반할 때
② 아이가 깬 이후에도 오랜 시간 진정되지 않을 때
③ 깼을 때 호흡이 가쁘고, 식은땀을 흘리며 경련처럼 보일 때
④ 낮에도 무기력하거나 감정 기복이 심할 때
⑤ 수면 중 자주 다리를 움찔거리거나 비정상적인 움직임이 있을 때

이런 아이를 방치하면 다음과 같은 문제가 생길 수 있다.
① 수면 공포: 아이가 잠드는 것 자체를 두려워하게 됨
② 일상 피로 누적: 낮 활동의 집중력 · 에너지 저하
③ 감정 조절 어려움: 수면 부족은 정서 불안정과 연결됨
④ 애착 불안 심화: 부모가 충분히 반응해 주지 않으면 아이의 기본적 신뢰감에 영향을 줌

마무리하며 – 아이의 밤을 이해하는 부모의 따뜻한 시선

아이들이 자다 깨서 우는 건 단순히 '잠을 못 자서 힘들다'라는 문제가 아니다. 그 속엔 말로 표현하지 못한 불안과 스트레스 혹은 성장통이나 기질적인 특성이 숨어 있을 수 있다. 중요한 건 '왜 우는가?'에 대한 단순한 해석이 아니라 '우리 아이가 지금 어떤 정서적 경험을 하고 있을까?'라는 질문으로 다가가는 부모의 시선이다. 특히 유아기 아이들의 수면은 단순한 휴식 이상의 의미가 있다. 수면은 정서의 회복이고, 신경계의 재정비이며, 내일을 살아갈 힘을 충전하는 시간이다. 이 중요한 시간을 반복적으로 방해받는다면 아이의 정서적 안정이나 발달에도 영향을 줄 수 있다. 단순히 '크면 괜찮아질 거야'보다는 주의 깊은 관찰과 애정 어린 개입이 필요하다.

또한 부모의 반응은 아이에게 큰 영향을 준다. 화내지 않고 다정한 목소리로 안아주는 한 번의 행동이 아이에게는 '나는 안전해. 나는 괜찮아'라는 내면의 믿음을 심어줄 수 있다. 아이가 울 수 있다는 걸 미리 받아들이고, 그 순간에 흔들리지 않도록 부모 자신도 감정의 여유를 유지하는 연습이 필요하다. 그게 바로 '밤의 부모 역할'이다. 밤에도 아이를 지켜주는 든든한 울타리처럼.

아이의 밤은 곧 부모의 품이다. 깊고 평온한 밤이 오기까지, 부모의 이해와 기다림이 아이의 내면을 더 건강하게 만들어 줄 것이다. 필요하다면, 언제든 전문가의 도움을 받는 것도 주저하지 말아야 한다.

✅ 체크리스트

최근 1개월 이내 자녀의 행동을 떠올리며, 해당 사항에 체크해 주세요.

❖ 아이의 수면 습관과 패턴

- ☐ 잠드는 데 시간이 오래 걸리거나 쉽게 잠들지 못한다.
- ☐ 밤에 2회 이상 깨서 우는 일이 자주 있다.
- ☐ 잠에서 깰 때 소리를 지르거나 갑자기 울며 일어난다.
- ☐ 낮잠이나 밤잠의 규칙적인 루틴이 없다.
- ☐ 잠자기 전 활동(스크린 시청, 격한 놀이 등)이 과도하게 자극적이다.

❖ 심리적 안정감

- ☐ 낮 동안 불안하거나 스트레스를 받는 일이 자주 있다.
- ☐ 부모와 떨어질 때 심하게 울거나 불안해한다.
- ☐ 아이가 자주 무서운 꿈을 꾼다거나, 이를 표현한 적이 있다.
- ☐ 낮에 크게 혼나거나 감정적으로 위축된 일이 있다.
- ☐ 엄마·아빠와의 애착이 안정적이지 않다고 느껴질 때가 있다.

❖ 부모의 반응 및 환경적 요인

- ☐ 아이가 밤에 울면 혼내거나 "그만 울어"라고 말한 적이 있다.
- ☐ 밤에 깼을 때 부모가 빠르게 다가가지 못하거나 무시한 적이 있다.
- ☐ 잠자기 전 환경(조명, 소음, 온도 등)이 일정하지 않다.
- ☐ 잠자기 전 불안한 이야기나 무서운 장면을 접한 적이 있다.

☐ 방에서 혼자 자거나 너무 일찍 독립수면을 시도했다.

📋 점검 결과 해석

0~4개: 수면 문제는 경미한 수준. 아이의 신체 리듬이나 일시적 불안 가능성이 있다. 일관된 수면 루틴과 정서적 안정 제공으로 개선될 수 있다.

5~9개: 수면 중 불안 반응이 반복되며, 정서적 불안이나 수면 습관에 문제가 있을 가능성이 있다. 취침 전 감정 안정 활동(그림책 읽기, 마사지, 수면 명상 등) 시도를 권장한다. 낮 동안의 감정 관리와 애착 점검도 함께 이루어져야 한다.

10개 이상: 아이의 심리적 불안정이 높거나, 수면 공포 · 애착 불안이 심화될 수 있다. 소아 · 정신건강 전문가 상담 또는 수면 · 정서 전문 상담을 고려해야 한다. 수면 중 경련, 몽유증, 야경증 등 신경학적 요인이 의심되면 소아과 진료가 필요할 수 있다.

💬 전문가 상담이 필요한 경우

① 야경증 또는 수면 중 경련이 의심되는 경우
② 심한 애착 불안이 지속될 경우
③ 공포와 불안이 꿈이나 상상으로 표출될 경우
④ 지속적인 정서 불안과 수면 거부가 동시에 나타나는 경우

Chapter 2.

화가 많고 충동적인 아이
– 평화로운 관계로 이끌기

감정을 격하게 표현하는 아이는
그만큼 감정 에너지가 크다는 뜻이고,
그 에너지를 건강하게 돌리는 법만 알게 된다면
누구보다 깊은 공감과 강한 '리더십'을 지닌 사람으로
자라날 수 있다.

'공격적이거나 폭력적인 아이' 다루는 법

– feat. 첫 술(숟가락)에 배부를 수는 없다!

공격적이고 폭력적인 행동을 보이는 아이를 다루는 것은 쉽지 않다. 하지만 아이의 감정을 이해하고, 행동의 원인을 파악하며, 올바른 대처 방식을 적용하는 것이 중요하다. 일반화할 수는 없지만 병원에서 환자를 진료하다 보면, 아이든 어른이든 관계없이 공격적이거나 폭력적인 사람 대부분이 '낮은 자존감'과 함께 '감정 조절의 어려움'을 겪고 있음을 알 수 있다.

아이의 공격적인 행동 뒤에는 다양한 감정과 원인이 숨겨져 있다. 분노, 좌절, 불안, 공포 같은 강한 감정을 효과적으로 표현하지 못할 때 폭력적인 행동으로 나타날 수 있다. 가정 문제, 학교 내 따돌림(왕따), 친구 관계에서의 갈등도 원인이 될 수 있으며, ADHD나 충동 조절 장애 같은 발달 문제와 관련이 있을 수도 있다. 따라서 아이를 지속적으로 관찰하고, 원인을 이해하려는 노력이 필요하다.

일단 이러한 문제가 발생했을 때, 즉각적인 대처 방법부터 이야기해 보자. 무엇보다도 아이의 폭력적 행동에 감정적으로 대응하지 않고 침착함을 유지하는 것이 중요하다. 만약 상황이 물리적으로 위험하다면 아이와 다른 사람의 안전을 먼저 확보해야 한다. 이후, 행동에 대한 명확한 한계를 설정해야 한다. 예를 들어, "우리는 때리거나 소리를 지르는 방식으로 문제를 해결하지 않아"처럼 간결하고 명확한 메시지를 전달하는 것이 좋다. 또한 폭력적인 행동에는 적절한 결과가 따른다는 점을 일관성 있게 보여줘야 한다. 일정 시간 동안 놀이를 중단시키거나 사용하던 장난감을 일시적으로 치우는 등의 조치를 할 수 있다.

다음으로 아이가 스스로 감정을 조절할 수 있기 위해서는 먼저 자신의 감정을 이해하는 것이 중요하다. 아이의 감정에 이름 붙이기를 해보는 것도 좋은 방법이다. 아이의 행동을 비난하기보다는 그 뒤에 숨겨진 감정을 파악하고 언어화하는 연습을 해보는 거다.

"너무 화가 난 거구나" "지금 속상해서 그런 행동을 한 거 맞지?" 같은 말을 통해 아이가 자신의 감정을 인식하고 비폭력적으로 표현할 기회를 제공해야 한다. 그리고 폭력 대신 사용할 수 있는 건강한 표현 방법[5]을 가르쳐야 한다.

이렇게 일단 응급 상황에서 벗어났다면 아이의 긍정적 행동에 주목하고 칭찬하는 긍정적 강화가 중요하다. 즉, 폭력적인 행동 대신 적절한 방식으로 감정을 표현하거나 갈등을 해결하려는 시도를 보이면 "네가 아까 화났지만, 말로 이야기하려고 노력하는 걸 봤어. 정말 잘했어!" 같은 말로 즉각 칭찬하거나 보상해야 한다. 긍정적인 행동

---

5) 분노를 느낄 때 심호흡하기, 종이에 화난 이유를 적기, "나 지금 속상해!"처럼 감정을 말로 표현하기 등.

을 강화하면 아이는 점차 폭력적인 방식 대신 건강한 방법으로 감정을 조절할 수 있게 된다.

아울러 일관성 있는 규칙과 환경을 제공하면 아이의 불안을 줄이고 공격적인 행동을 예방할 수 있다. "손은 때리기 위해 쓰는 게 아니라 서로 돕기 위해 쓰는 거야"처럼 긍정적인 메시지를 전달하며 행동의 기준을 명확히 해야 한다. 또한 일정한 시간에 식사하고, 자고, 노는 등 예측할 수 있는 일상을 만들어주면 아이가 더 안정감을 느낄 수 있다.

아이의 공감 능력을 키우는 것도 폭력적인 행동을 줄이는 데 효과적이다. "네가 친구를 때렸을 때 친구는 어떤 기분이 들었을까?"처럼 상대방의 처지에서 생각하도록 유도하는 것도 좋다. 또한, 감정을 다룬 동화책을 읽거나 영화를 보면서 자연스럽게 공감하는 연습을 할 수 있다. 이런 식으로 부모와 교사는 계속 아이와 열린 대화를 유지하면서 폭력적 행동이 아닌 방식으로 자신의 감정과 욕구를 표현하도록 격려해야 한다.

그런데도 아이의 폭력적인 행동이 지속되거나 심각하다면, 전문가의 도움을 받아야 한다. 정신건강의학과 진료를 받거나 아동 심리 상담사나 가족 치료사와 상담을 통해 아이의 문제를 보다 깊이 이해하고, 적절한 중재 방법을 찾을 수 있다. 특히 아이의 공격성이 ADHD, 자폐 스펙트럼 또는 충동 조절 장애와 같은 발달적 문제와 관련이 있는지 확인하기 위하여 심리검사를 시행한 뒤 문제가 확인되면 약물을 포함한 치료를 고려해야 한다.

마무리하며 – 폭력 너머의 마음을 이해하는 여정

공격적이고 폭력적인 아이를 다룬다는 것은 단순히 '행동을 고친다'라는 수준을 넘는, 그 아이의 내면과 삶 전체를 함께 이해하고 성장시켜 가는 여정이다. 폭력은 대부분 겉으로 드러나는 '결과'일 뿐이며, 그 뒤에는 감정의 좌절, 자존감의 손상, 관계에서의 실패 경험 그리고 감정 조절 능력의 미성숙 같은 깊은 원인이 숨어 있다. 따라서 우리가 초점을 맞추어야 할 부분은 단순히 "때리지 마!"라고 훈육하는 것이 아니라 왜 그런 행동이 나왔는지를 함께 이해해 나가는 과정이다.

아이들은 미숙한 방식으로 자신의 고통을 표현한다. 때로는 주먹으로, 때로는 소리로, 또 어떤 아이는 문을 세게 닫는 방식으로. 그럴 때 부모가 함께 흥분하거나 부끄러워하기보다는 '이 아이가 지금 어떤 마음일까?'라는 질문을 스스로에게 던져보는 것이 첫걸음이다. 감정을 언어로 표현할 수 있도록 도와주고, 갈등 상황에서도 말로 표현하고 풀어나가는 연습을 차근차근 반복해야 한다.

또 한 가지 중요한 사실은 이 여정이 '단기간에 성과를 기대해서는 안 된다'라는 점이다. "첫 숟가락에 배부를 수 없다"라는 말처럼, 작은 변화 하나하나를 귀하게 여기고, 하루하루 아이의 내면이 자라고 있다는 사실을 믿어야 한다. 단 하루 동안 폭력적인 행동을 멈춘 것이 아니라 3일 연속 짜증을 말로 표현했다는 사실에 기뻐해야 하고, 친구와 다퉜지만 손을 들지 않았다는 사실을 발견하고 칭찬해야 한다.

이런 아이일수록 '나를 있는 그대로 받아주고 기다려줄 사람'이 있다는 걸 인식하도록 해줘야 한다. 아이가 그 존재를 부모에게서 또는 교사에게서 발견할 수 있다면, 그 신뢰만으로도 아이는 더 나아질 수 있다. 인내는 교육의 가장 기본적인 덕목이며, 기다려주는 사랑이야말로 공격성이라는 언어를 해독할 수 있는 가장 강력한 해답이다.

무엇보다도 폭력적인 행동이 있다고 해서 '아이의 장래가 어둡다'라는 편견은 버려야 한다. 감정을 격하게 표현하는 아이는 그만큼 감정 에너지가 크다는 뜻이고, 그 에너지를 건강하게 돌리는 법만 알게 된다면 누구보다 깊은 공감과 강한 '리더십'을 지닌 사람으로 자라날 수 있다. 오늘도 당신의 아이는 조금씩 자라고 있다. 조금 느릴 수 있지만, 분명히 성장 중이다. 그러니 '하루에 한 걸음'이라는 마음으로 아이와 함께 그 길을 걸어가기를 바란다.

✅ 체크리스트

최근 1~2개월 동안 아이의 행동을 떠올리며 체크해 주세요.

❖ 행동 특성

☐ 화가 나면 주먹을 휘두르거나 물건을 던지는 행동을 자주 한다.
☐ 친구나 형제자매에게 때리기, 밀기, 발로 차기 등의 신체적 폭력을 가한다.
☐ 물건을 부수거나 망가뜨리는 행동이 반복된다.
☐ 자신이 원하는 것이 받아들여지지 않으면 소리를 지르거나 위협적인 태도를 보인다.
☐ 동물이나 작은 아이에게 잔인한 행동을 한 적이 있다.

❖ 감정 조절과 분노 표현

☐ 분노를 말로 표현하기보다는 행동으로 터뜨리는 경우가 많다.
☐ 사소한 자극에도 쉽게 흥분하고 폭발적으로 반응한다.
☐ 다른 사람의 감정을 잘 공감하지 못하고 자기 입장만 주장한다.
☐ 감정이 격해질 때 제지해도 잘 멈추지 못하거나 더 격해진다.
☐ 감정이 가라앉은 후에도 자신의 행동에 대해 반성이나 미안함을 잘 표현하지 않는다.

❖ 가정 내 양육 및 환경 요소

☐ 부모 또는 가족이 자주 고함을 지르거나 과도한 체벌을 한 적이 있다.

☐ 아이가 신체적, 정서적으로 과도한 스트레스를 겪는 환경에 있다.
☐ 아이에게 공감, 감정 조절에 대한 가르침이나 훈련 기회가 부족했다.
☐ 폭력적인 영상물, 게임, 콘텐츠에 자주 노출되어 있다.
☐ 아이가 자신이 늘 억울하다고 느끼거나 존중받지 못한다고 말한다.

점검 결과 해석

0~4개: 공격성이 일시적이거나 상황적일 수 있다. 감정을 조절하고 말로 표현하는 훈련을 통해 개선될 수 있다. 부모의 일관된 훈육과 공감 대화가 중요하다.

5~8개: 아이의 공격성이 반복적이고 감정 조절 미숙에서 비롯되었을 가능성이 높다. 분노 관리 훈련, 공감 능력 향상, 환경 조정이 필요하며, 상담적 개입도 고려해 볼 수 있다.

9개 이상: 지속적이고 통제되지 않는 공격성은 정서적 고통, 행동 문제, 환경 스트레스와 관련이 있을 수 있다. 다음과 같은 경우엔 전문가 상담이나 평가가 적극 권장된다.

전문가 상담이 필요한 경우

① 신체 폭력이 점점 심해지거나 통제 불가 상태로 나타날 때
② 사물 파괴나 동물 학대 등 공격이 잔혹한 형태로 나타날 때
③ 감정 조절, 공감 능력에 현저한 결핍이 보이고 관계 문제를 유발할 때
④ 학교, 또래, 가족 간의 사회적 기능 저하가 뚜렷한 경우

'화장실에 자주 가는 아이' 다루는 법

— feat. 무엇보다도 기질적 원인부터 배제하라.

아이들이 하루에도 몇 번씩 화장실에 가겠다고 하면 부모 입장에서는 걱정이 앞서기도, 짜증이 나기도 한다. '왜 자꾸 가는 거지?' '이거 혹시 병인가?' '주의를 끌려는 건가?' 실제로 아이가 화장실을 자주 간다는 건 크게 신체적 원인, 심리적 원인, 환경적 요인으로 나누어 접근할 수 있다. 가장 먼저 필요한 건 무엇보다 기질적이고 생리적인 이상 여부부터 배제하는 것이다.

먼저 신체적 원인을 점검해야 한다. 소변을 자주 보는 경우 방광염, 과민성 방광, 요로감염, 당뇨병 초기 증상일 수도 있다. 물을 과도하게 마시거나 추운 날씨에 배뇨가 잦아져 그럴 수도 있다. 다음은 대변을 자주 보는 경우로 장염, 유당불내증, 특정 음식 알레르기, 장운동의 문제일 수도 있다. 변비가 있어도 (소량, 잔변감 등으로) 잦은 배변 욕구가 생길 수 있다. 일단 소아청소년과를 방문하여 기본적인 진단을 받는 것이 우선이다. 진료 결과 아무런 생리적 이상이 없다면 그때부터 심리적 접근을 해볼 차례다.

아이가 화장실을 자주 간다는 것은, 불안감이나 긴장, 또는 회피 욕구의 표현일 수 있다. 첫째, 불안하거나 긴장될 때다. 시험, 발표, 낯선 장소 등 불안을 느낄 때 배뇨 욕구가 자주 생긴다. 심리적으로 '긴장된 상황을 회피'하려는 행동일 수 있다. 둘째, 주위의 관심을 끌고 싶을 때다. "엄마가 내 말을 안 들어줘. 그럼 나 화장실 갈래"처럼 반복되는 화장실 요청은 '관심받고 싶은 마음의 표현'일 수도 있다. 셋째, 화장실에 자주 가는 행동이 일종의 강박 행동이거나 일시적 틱(tic) 증상의 일부일 가능성도 배제할 수 없다. 환경적 요인과 배경도 살펴봐야 한다.

집이나 어린이집, 학교 등 특정 장소에서만 잦은 경우라면 불편한 공간, 과도한 규율, 정서적으로 불안한 환경일 가능성이 있다. 특히 등원/등교 전후에 증상이 나타난다면 심리적 저항감일 수 있다. 양육자의 태도와 반응도 중요하다. 아이가 화장실에 간다고 했을 때 양육자가 과하게 예민하게 반응하거나 반대로 지나치게 무시할 경우, 반복 행동이 강화될 수 있다.

이때 부모가 취해야 할 실천 전략은 첫째, 생리적 이상 유무를 체크하는 것이다. 의학적 검사를 통해 건강 문제를 먼저 배제해야 한다. 이상이 없다면 그때부터 심리적 요소를 살펴본다. 둘째, 아이의 감정을 관찰하고 공감하기다. "또 가?"라고 타박하지 말고, "어디 불편해? 불안한 게 있어?" 하고 정서적 신호를 읽어주는 것이 좋다. 셋째, 루틴과 예측할 수 있는 환경을 만들어주기다. 예측할 수 있는 일과, 정해진 시간에 화장실 가기 등으로 심리적 안정감과 통제감을 제공하면 된다. 넷째, '그만큼 네가 불안하구나'라는 이해다. 아이는 말로 표현하지 못할 때, 몸으로 표현한다. 그 아이는 그저 '도와달라'는 신호를 보내고 있는 것일지도 모른다.

마무리하며 – 몸이 먼저 보내는 마음의 신호

'화장실'은 아이의 감정을 보여주는 작은 무대일 수 있다. 아이들은 스스로 감정을 언어로 조절하거나 표현하는 능력이 아직 미숙하다. 그래서 몸의 신호를 빌려 자기 마음을 전달하려고 한다. 그게 '화장실'이라는 방식일 수도 있다. 행동 자체를 바로잡기보다는 그 행동의 뒤에 있는 정서와 욕구를 이해하고 조율해 주는 것, 그것이 아이의 정서 발달을 도울 수 있는 가장 건강한 양육 태도다.

결론적으로 화장실을 자주 가는 아이는 문제 행동을 하는 것이 아니라 자신의 마음을 표현하는 나름의 방식을 찾는 중이다. 우리 부모가 먼저 그 '신호'를 읽어줄 수 있다면, 아이는 더 이상 반복해서 문을 두드릴 필요가 없을 것이다.

☑ 체크리스트

최근 2~4주 사이 아이의 행동을 떠올리며, 해당하는 항목에 체크해 주세요.

❖ 아이의 화장실 행동 특성
☐ 하루 7회 이상, 소변이나 대변을 보려 한다.
☐ 실제로 소변이나 대변이 나오지 않는데도 자주 화장실에 간다.
☐ 외출 장소나 학교, 유치원에서 항상 화장실 위치부터 확인한다.
☐ 잠들기 전 또는 한밤중에도 화장실을 여러 번 다녀온다.
☐ 놀이 중에도 갑자기 멈추고 화장실에 간다.

❖ 아이의 감정 상태와 관련된 반응
☐ 시험, 발표, 낯선 사람을 만나는 상황 전후로 화장실을 찾는 빈도가 증가한다.
☐ 불안하거나 긴장한 표정으로 화장실에 다녀온다.
☐ 화장실에 가지 못할 상황이 되면 눈에 띄게 불안해하거나 화낸다.
☐ 실수나 실패에 대해 지나치게 걱정하거나 자책하는 경향이 있다.
☐ 신체가 아프다기보다는 심리적 불편함이 많아 보인다.

❖ 부모의 양육 반응 및 환경
☐ 아이의 배변 실수에 대해 과거에 강하게 혼낸 적이 있다.
☐ 아이가 배변이나 생리적 신호를 말하는 것을 부끄럽거나 불편하게 여긴다.

☐ 화장실을 깨끗하게 사용하지 못하면 즉시 지적하거나 예민하게 반응한다.
☐ 아이가 화장실에 간다고 하면 항상 따라가서 지켜보거나 점검한다.
☐ 평소에도 아이의 일상에 대해 과하게 통제하거나 걱정이 많다.

📋 점검 결과 해석

0~4개: 비교적 정상 발달 범주 안에서의 일시적 행동일 가능성이 높다. 심리적 긴장 완화와 일상 안정화로 자연스럽게 줄어들 수 있다.

5~9개: 심리적 긴장 또는 불안이 행동에 영향을 주고 있는 단계일 수 있다. 정서적 안정감을 주는 환경 조성과 강박적 배변 패턴을 부드럽게 완화할 필요가 있다. 반복되는 화장실 방문 이유를 차분히 묻고 관찰해 보라.

10개 이상: 화장실 사용이 불안이나 강박, 신체 증상 표현의 수단이 되었을 가능성이 높다. 아래 항목에 해당하면 전문가 상담이 필요할 수 있다.

💬 전문가 상담이 필요한 경우

① 아이가 화장실을 찾는 횟수로 인해 수업이나 놀이에 방해를 받는 경우
② 복통, 배뇨통 등 신체적 증상이 동반되나 검진 결과 문제가 없는 경우
③ 외출이나 등교 자체를 회피하려는 경향이 강해지는 경우
④ 부모의 양육 방식에서 통제, 불안, 과잉 간섭이 두드러지는 경우

'형제(자매)간 다툼이 심한 아이' 다루는 법

— feat. 열 손가락 깨물어 안 아픈 손가락은 없지만 조금 덜 아픈 손가락은 있다.

"쟤는 왜 맨날 동생만 감싸고 돌아!" 형제·자매가 있는 집이라면 누구나 한 번쯤 겪는 다툼과 경쟁이다. 그런데 다툼의 빈도나 감정의 강도가 유독 심한 아이가 있다. 부모는 말한다. "나는 정말 공평하게 대한다고 생각하는데…." 하지만 아이는 말한다. "엄마는 맨날 OO만 좋아해!" 이 '간극(間隙)'은 어디서부터 시작된 걸까?

형제간 다툼의 본질은 단순한 장난감 싸움이나 말다툼이 아니라 '부모의 관심과 사랑이 누구에게 더 쏠려 있는가'에 대한 예민한 감정싸움이다. '나는 동생보다 덜 사랑받는 것 같아' '형만 잘했다고 칭찬받는단 말이야' '왜 나는 야단맞고, 쟤는 안 맞아?' 이런 느낌은 아이의 정체성과 자존감에 직결되며, 그 감정이 억눌릴수록 형제간의 갈등은 심해지고 장기화된다.

아무리 노력해도 부모는 완벽하게 공평해질 수 없다. 어린아이가 더 손이 가고, 말을 잘하는 아이가 더 예쁘게 느껴지고, 자기 기질과 맞는 아이에게 더 감정적으로 끌리고, 더 많이 아픈 아이에게 더 신경을 쓰게 된다. 이건 의도적인 편애라기보다는 무의식적인 감정의 흐름이고, 양육에서 피할 수 없는 한계다. 하지만 문제는 이것이 '아이들에게 어떻게 전달되느냐'이다. 느낌은 진실보다 더 강하게 작용한다.

아이는 공평한 '사랑'이 아니라 '존재의 존중'을 원한다. 많은 부모가 "나는 너희를 똑같이 사랑해"라고 말하지만, 아이들은 '엄마는 누구 편인가'를 감각적으로 판단한다. 아이에게 필요한 건 '사랑의 양'이 아니라, '나는 나대로 소중하고 인정받고 있구나'라는 존재의 수용이다.

형제 다툼을 줄이는 부모의 구체적인 실천법은 다음과 같다.

첫째, 감정을 비교하지 말고 '그 아이의 마음'을 먼저 수용하기다. "너는 왜 동생한테 그렇게 해?"가 아니라, "화가 났구나, 엄마가 들어줄게"라고 하는 거다. 누가 옳고 그른지를 먼저 따지기보다는 각자의 감정을 먼저 충분히 공감해 주는 것이 중요하다.

둘째, '공평함'은 '똑같이'가 아니라 '필요에 따라 다르게'이다. 공평이란 모든 걸 같게 주는 것이 아니라 각자의 필요에 따라 다르게 주는 것이다. 예를 들어, 안아달라고 하는 아이는 안아주는 것, 혼자 있고 싶어하는 아이는 존중해주는 것. 단, 그 이유와 원칙을 아이에게 잘 설명해야 한다. "동생은 아직 어려워서 엄마가 도와주는 거야. 너는 혼자 할 수 있어서 멋지다"라고.

셋째, 부모와 둘만의 시간을 만들기다. 형제·자매가 여럿일수록 부모와 1:1로 연결될 수 있는 시간이 꼭 필요하다. "너랑 둘만 외출할까?" "너만을 위한 이야기를 듣고 싶어." 이런 시간은 아이에게 '나는 엄마에게 특별한 존재야'라는 감각을 심어준다.

넷째, 비교하지 말고 각자의 고유함을 언급하는 것이다. "형은 잘하는데, 너는 왜 그래?"가 아니라 "너는 참 섬세하구나. 동생은 씩씩하고"라며 형제간의 다름을 인정하는 것이다.

다섯째, 잘 싸우게 도와주는 것도 양육의 일부다. 형제는 싸울 수밖에 없다. 중요한 건 '싸움의 기술'을 배우는 기회로 만드는 것이다. "화내도 괜찮지만, 폭력은 안 돼"라거나 감정을 말로 표현하도록 도와주고, 때로는 부모가 중재하지 말고 둘이 해결하게 내버려두는 거다.

마무리하며 – "형제 다툼, 부모의 태도에서 시작해요"

형제간의 다툼을 줄이기 위한 가장 강력한 방법은 '공평한 통제'가 아니라 '따뜻한 존재 인정'에서 출발한다. 부모는 공평하다고 생각하지만 아이는 여전히 억울하다고 느낀다면, 그 '느낌' 속에 진실이 담겨 있을 수 있다. 우리는 종종 "누가 먼저 그랬니?" "그건 네가 잘못했네"라고 판단을 내리며 감정을 단정 짓는다. 하지만 아이에게 필요한 건 정답이 아니라 자신의 감정을 누군가 알아봐 주는 '이해받는 경험'이다.

형제간의 갈등은 단순한 싸움이 아니라 '나는 사랑받고 있나?' '나는 소중한가?'를 확인하려는 정서적 메시지일 수 있다. 따라서 부모가 할 수 있는 가장 중요한 일은 아이의 감정과 시선에 귀 기울이고, 각자의 다름을 존중하는 태도를 일상에서 실천하는 것이다. 그리고 무엇보다 중요한 건 부모 자신을 돌보는 일이다. 피곤하거나 감정적으로 소진되어 있을 때, 우리는 의도치 않게 한 아이에게 더 예민하게 반응하거나, 다른 아이에게 과잉보호적인 태도를 보이기도 한다. 이럴 땐 잠시 멈추고 '지금 내 감정은 어떤가?' '내가 기대하는 아이의 모습은 무엇인가?'를 되돌아볼 수 있어야 한다. 부모가 자기 감정을 잘 다룰수록, 아이들간의 갈등에도 보다 여유 있게 대응할 수 있다.

형제 다툼은 없어야 할 문제가 아니라 더 건강한 사회성과 정서력을 기를 기회다. 아이들은 싸우면서 서로를 배우고, 화해하면서 관계를 익혀간다. 그리고 그 모든 과정을 통해 배우는 가장 큰 교훈은, 바로 부모가 보여주는 사랑과 존중의 방식이다.

형제간의 갈등은 아이들만의 문제가 아니다. 그것은 가정의 정서적 풍경을 비추는 거울이며, 부모의 양육 철학이 자연스럽게 드러나는 장면이다. 아이들이 마음 깊이 '나는 특별한 존재야'라고 느낄 수 있도록 부모의 시선과 태도에서부터 변화가 시작되길 바란다. 부모의 '한 걸음 물러남'이, 아이들의 '한 걸음 가까워짐'을 만들어준다.

✅ 체크리스트

최근 1~2개월 아이의 행동을 기준으로 해당 항목에 체크해 주세요.

❖ 아이의 행동 양상
- ☐ 사소한 일(장난감, 자리, 말투 등)로도 형제자매와 자주 다툰다.
- ☐ 화를 내거나 소리를 지르며 상대를 제압하려 한다.
- ☐ 말보다 몸으로 밀치거나 때리는 경우가 종종 있다.
- ☐ 형제자매가 칭찬을 받으면 노골적으로 질투하거나 방해하려 한다.
- ☐ 형제자매가 잘되는 상황에서 고의로 실수나 문제를 일으킨다.

❖ 감정 조절 및 사회적 반응
- ☐ 형제자매와의 갈등 상황에서 자기 감정을 말로 표현하기 어려워한다.
- ☐ '미안해' 혹은 '괜찮아'와 같은 감정 조절 언어 사용이 부족하다.
- ☐ 형제자매와의 경쟁에서 지면 격렬하게 울거나 분노 표현을 한다.
- ☐ 항상 자기가 더 사랑받고 인정받아야 한다고 느끼는 듯하다.
- ☐ 형제자매와 있는 시간이 즐겁기보다 스트레스를 주는 시간처럼 보인다.

❖ 부모의 양육 방식과 환경
- ☐ 형제자매간 비교 발언("누구는 잘하는데 너는 왜…")을 자주 한다.
- ☐ 둘 중 누구의 잘못인지 빠르게 판단하고 벌을 정하려 한다.
- ☐ 형이나 누나 혹은 동생에게 일방적인 책임을 지운 적이 있다.

☐ 둘의 갈등을 그때그때 중재하지 못하고 방치하는 경우가 많다.
☐ 평소 아이에게 "네가 참아야지" 혹은 "네가 동생이니까 양보해"라는 말을 자주 한다.

점검 결과 해석

0~4개: 일상적인 갈등 수준이다. 부모의 일관된 중재와 공정한 태도를 통해 자연스럽게 조정될 수 있다.

5~9개: 다툼이 빈번하거나 감정 조절에 어려움이 있는 단계이다. 감정 표현 훈련, 공정한 양육 태도, 개인 시간 확보 등이 필요하다. 부모가 갈등을 해결해 주는 게 아니라 해결하도록 돕는 중재자 역할이 중요하다.

10개 이상: 갈등이 심리적 갈등의 표출 혹은 구조적인 양육 문제로 심화되고 있을 수 있다. 아래 항목에 해당하면 전문가 상담이 필요할 수 있다.

전문가 상담이 필요한 경우

① 형제자매간 폭력 수준의 신체적 다툼이 잦은 경우
② 다툼 이후에도 감정 회복이 어렵고 지속적인 원망이나 질투가 있는 경우
③ 부모의 편애나 비교, 책임 전가가 반복되는 환경일 경우
④ 아이가 형제자매를 지속적으로 싫어하거나 거부하는 경우

'도벽이 있는 아이' 다루는 법

— feat. '바늘 도둑이 자라서 소도둑 된다'라는 말, 정말일까?

아이가 남의 물건을 몰래 가져왔다면 부모는 당황할 수밖에 없다. '얘가 왜 이래?' '도둑질을 하다니 큰일 난 거 아냐?' 게다가 주변에서 "바늘 도둑이 소도둑 된다"라는 말을 들으면 걱정은 더 커진다. 하지만 한 번의 행동만으로 성급히 단정하거나 무조건 혼을 내는 건 오히려 아이의 마음을 닫게 만들 수 있다. 그렇다면 아이의 '훔치는 행동'은 무엇을 의미할까? 그리고 부모는 어떻게 대처해야 할까?

아이가 남의 물건을 몰래 가져오는 데는 다양한 심리적 동기가 있다. 반드시 '도둑질'이라는 범죄적인 의도에서 비롯된 것은 아니다. 첫째, 소유 개념이 아직 약할 수 있다. 특히 유아기(5~6세 미만) 아이들은 '내 것'과 '남의 것'의 경계가 명확하지 않다. 친구의 장난감이 무척 마음에 들면, 그걸 그냥 가져오는 것이 잘못이라고 느끼지 못할 수 있다. 둘째, 충동 조절이 어렵다. '갖고 싶다'라는 마음을 조절하는 능력은 아직 미성숙하다. 특히 주의력이 산만하거나 자제력이 약한 아이일수록 즉흥적으로 행동할 가능성이 크다. 셋째, 관심을 끌고 싶은 심리 때문이다. 때로는 부모의 관심을 받고 싶어서 '일부러' 나쁜 행동을 하기도 한다. 평소에 인정받거나 애정을 받는 경험이 부족할수록 부정적인 방식으로 시선을 끌려는 경향이 나타날 수 있다. 넷째, 불만이나 스트레스를 해소하려는 수단이다. 감정적으로 억눌려 있거나 환경적인 스트레스를 받을 때, 훔치는 행동이 일종의 '내면 표현'으로 나타날 수 있다.

아이가 물건을 처음 훔쳤을 때 무조건 큰소리로 혼내는 것은 좋지 않다. 중요한 건 아이가 왜 그런 행동을 했는지 이유를 이해하려는 태도다. 먼저, 조용히, 진심으로 묻는다. "왜 그걸 가져왔니?" "갖고 싶었어?" "누구한테 말 못 했던 이유가 있었니?" 아이의 말을 들으며 판단하지 않고 감정을 받아주는 것이 출발점이다. 다음, 가져온 물건은 꼭 다시 돌려주게 한다. 하지만 부끄럽게 하거나 강제로 망신 주는 방식은 피해야 한다. '잘못된 행동은 스스로 바로잡을 수 있다'라는 메시지를 전하는 것이 중요하다. 그리고 "넌 도둑이야" 같은 낙인을 찍지 않는다. "왜 이렇게 나쁜 애가 됐어?" "도둑질하면 경찰한테 잡혀가!" 같은 말은 아이에게 죄책감이 아닌, 수치심과 자기혐오를 심어준다. 이는 문제 해결이 아니라 자기방어와 회피로 이어질 수 있다.

하지만 문제가 반복된다면 우선 아이의 심리적 상태를 살펴야 한다. 반복되는 도벽은 단순한 버릇이 아니라 내면의 신호일 수 있다. 감정 조절의 어려움, 주의력 결핍, 불안정한 애착 관계 등이 숨어 있을 수 있으며, 때로는 불안, 우울, 스트레스의 표현일 수도 있다. 다음은 처벌보다 '습관화 방지'가 우선이다. 훔치는 행동이 반복되면 아이는 점점 죄책감을 느끼지 않게 된다. 따라서 초기 개입이 무엇보다 중요하다. 원인을 찾아 적절한 방식으로 개입해야 한다. 또한 아이의 행동을 비언어적 '도움 요청'으로 읽기다. 훔치는 행동은 "내 마음을 좀 봐줘"라는 말일 수도 있다. 최근 아이에게 어떤 변화나 스트레스가 있었는지, 부모와의 관계에서 놓치고 있는 점은 없는지 돌아볼 필요가 있다.

이때 부모가 기억해야 할 핵심 태도는 첫째, 낙인을 찍지 말고 행동을 분리해서 말하기다. "넌 나쁜 애야" 대신 "그 행동은 잘못됐지만 넌 여전히 소중한 아이야"라고 말해주는 거다. 둘째, 도벽이 '습관'이 되지 않도록 조기에 다루기다. 처벌보다는 원인을 파악하고, 아이가 자기 행동을 돌아볼 수 있도록 도와주는 접근이 중요하다. 셋째, 아이의 마음을 읽으려는 태도다. 훔치는 행동은 종종 '감정의 언어'다. 행동 그 자체보다 그 배경에 있는 아이의 감정을 함께 들여다보는 것이 필요하다. 넷째, 책임감 있게 정리하는 기회를 주기다. 스스로 잘못을 인식하고 바로잡는 경험은, 다시는 반복하지 않게 하는 가장 강력한 예방책이 된다.

아이의 도벽을 마주한 부모의 마음은 걱정과 불안, 당황스러움으로 뒤섞여 있을 수 있다. '정말 우리 아이가 훔치는 아이가 된 걸까?'라는 생각은 부모 스스로 양육에 대한 자책으로도 이어질 수 있다. 하지만 중요한 건 '그 행동을 바라보는 우리의 시선'이다. 아이의 '도벽'은 단지 잘못된 행동 그 이상일 수 있다. 그것은 언어로 표현하지 못한 결핍일 수 있고, 말로 하기 어려운 감정의 외침일 수도 있다. '훔치는 행동' 이면에는 '나도 사랑받고 싶어', '내 마음 좀 알아줘', '너무 외롭고 억울했어'라는 말이 숨어 있을지 모른다.

이럴 때일수록 부모는 아이를 처벌하는 판사가 아니라, 마음을 읽어주는 상담자이자 보호자가 되어야 한다. 부모의 한마디가 아이의 마음을 열 수도 있고 닫을 수도 있다. "넌 왜 이런 애가 됐니?"라는 말보다, "그렇게까지 해서 말하고 싶었던 네 마음은 뭐였을까?"라고 물어주는 용기가 필요하다. 아이들은 스스로 자신의 행동을 돌아보며 책임지는 힘을 키워야 한다. 그 책임감은 비난 속에서가 아니라 이해와 신뢰 안에서 자라난다. '잘못했을 때도 나를 믿어주는 어른이 있다'라는 경험이야말로 아이의 인격을 성장시키는 가장 강력한 힘이다.

마무리하며 – 도벽 너머, 아이의 마음을 보다.

도벽은 분명 행동을 다스리는 훈육이 필요한 영역이다. 그러나 그보다 먼저 아이의 마음을 다독이는 정서적 양육이 함께 가야 한다. 단지 "왜 그랬니?"라고 다그치기보다는 "그때 너한테 무슨 일이 있었던 걸까?"라고 묻는 자세, 그것이 아이의 마음을 여는 진짜 열쇠가 된다.

훔치는 행동 뒤에는 "나는 지금 혼란스러워요" "사랑받고 싶어요" "관심이 필요해요"라는 말로 표현되지 않은 감정이 숨어 있을 수 있다. 이런 아이에게 훈육만 앞세운다면, 겉으로는 행동을 멈출지 몰라도 마음은 점점 더 닫혀 갈 수 있다.

부모가 아이의 행동을 잘못된 '범죄'로만 보지 않고 미처 표현하지 못한 '도움의 신호'로 받아들일 수 있다면, 그 순간부터 진짜 변화가 시작된다. 우리는 아이가 실수했을 때도 여전히 곁에 있어 주는 어른, 아이가 '신뢰할 수 있는 사람'이라는 믿음을 주는 보호자가 되어야 한다.

"넌 왜 이런 애가 됐니?" 대신 "그렇게까지 해서 말하고 싶었던 네 마음은 뭐였을까?"라고 물어보는 것, 이 질문 하나가 아이를 바꾸고, 부모와의 관계를 바꾸며, 결국 아이의 미래를 바꾸는 출발점이 될 수 있다.

지금 아이가 부모에게 바라는 건 어쩌면 단 하나일지도 모른다. "내가 실수했을 때도 내 곁에 있어 줄 수 있나요?"라는 질문에 따뜻하게 "그래, 나는 항상 네 편이야"라고 대답해 주라. 그 한마디가 아이를 도벽에서 멈추게 하고, 마음에서 회복하게 만드는 진짜 첫걸음이 될 것이다.

✅ 체크리스트

최근 3개월 동안 아이에게 해당되는 항목에 체크해 주세요.

❖ 행동 관찰

☐ 아이가 남의 물건을 허락 없이 가져간 적이 있다.
☐ 가져간 물건에 대해 숨기거나 거짓말을 한 적이 있다.
☐ 물건을 가져가는 상황이 반복적으로 발생한다.
☐ 친구나 형제의 물건을 가져간 후에도 죄책감을 느끼지 않는 듯하다.
☐ 필요하지 않은 물건도 충동적으로 가져오는 경우가 있다.

❖ 정서적 배경

☐ 아이가 부모나 교사의 관심을 받지 못한다고 느끼는 것 같다.
☐ 최근 스트레스나 큰 변화(이사, 이별, 부부 갈등 등)를 경험한 적이 있다.
☐ 아이가 질투심이 많고 비교에 민감한 편이다.
☐ 부모의 관심을 끌기 위해 문제 행동을 일부러 하는 경향이 있다.
☐ 아이가 "내 것도 아닌데 왜 갖고 싶었는지 모르겠어"라고 말한 적이 있다.

❖ 양육 태도 및 환경

☐ 부모가 아이의 물건에 대한 욕구를 무조건 억제하거나 무시한다.
☐ 집안에서 도덕, 소유 개념에 관한 대화가 거의 없다.
☐ 물건을 훔친 사실을 알았을 때 혼내기보다는 무시하거나 덮은 적

이 있다.
- [ ] 부모가 형제간 물건 소유에 대해 명확한 경계나 규칙을 정해주지 않는다.
- [ ] 부모가 종종 아이에게 본보기가 되지 않는 행동(몰래 가져가기, 거짓말 등)을 한다.

📋 점검 결과 해석

0~4개: 일시적인 호기심이나 미성숙한 소유 개념에서 비롯된 경우로 보인다. 정서적 대화와 소유 개념 교육, 행동 결과를 명확히 보여주는 양육이 필요하다.

5~9개: 반복적이거나 감정적 배경이 복합된 도벽 행동일 수 있다. 비난보다 이해 중심의 접근이 중요하며 감정 조절, 자기 통제력 훈련이 필요하다. 가정 내 양육 태도나 환경 점검도 병행해 주면 된다.

10개 이상: 아이의 행동에 정서적 결핍, 스트레스, 도덕성 발달 지연이 개입되었을 수 있다. 아래 항목에 해당한다면 반드시 전문가 상담을 권한다.

💬 전문가 상담이 필요한 경우

① 물건을 훔친 후에도 아무런 감정 표현 없이 덤덤한 경우
② 반복적으로 같은 행동을 하며 중단 의지가 약할 때
③ 행동 뒤에 불안, 우울, 분노 감정이 동반되는 경우
④ 가정 내 정서적 방임, 심한 비교, 체벌 위주의 양육 환경이 있는 경우
⑤ 아이가 도벽에 대해 죄책감은 있지만 스스로 조절하지 못하는 경우

'자기를 때리는 아이' 다루는 법

― feat. '자해'는 또 다른 형태의 '폭력'이다.

어떤 아이는 화가 나면 소리를 지르고 물건을 던진다. 하지만 어떤 아이는 자기의 머리를 쥐어박고, 자기 뺨을 때리며, 입술을 깨물고 심지어 몸을 할퀴기도 한다. 이런 행동은 단순한 짜증이나 반항이 아니다. 내면에서 감당할 수 없는 감정의 폭발이 자신을 향해 튄 것이다. 즉, 타인을 향한 공격이 아닌 자기 자신을 향한 처절한 표현인 셈이다.

이런 행동의 원인은 다양한 관점에서 살펴볼 수 있다.

기질적인 요인

① 감정 조절 능력이 떨어지는 기질
② 예민하고 충동성이 강한 기질
③ 감각에 대한 민감성이 높아 작은 불편도 극단적인 반응으로 이어지는 감각 과민성

심리적인 요인

① 자존감 저하: '나는 나쁜 아이야'라는 부정적 자기 인식
② 좌절감: 원하는 것을 얻지 못했을 때의 극단적인 실망감
③ 억눌린 분노: 표현되지 못한 감정이 자기 자신을 향해 터지는 것
④ 강한 처벌 경험: 타인에게 감정을 표출하면 더 큰 처벌이 올 거라는 학습

환경적인 요인

① 지나치게 통제적인 양육: 아이의 감정이나 욕구가 무시되거나 억제될 경우
② 양육자의 비일관성: 어떤 날은 허용되고 어떤 날은 벌을 받는 등 예측 불가능한 반응
③ 정서적 소통 부족: 부모가 아이의 감정에 공감하거나 언어화해 주지 못할 때

이런 아이를 대하는 접근의 핵심은 첫째, "멈춰!"라고 하기보다는 "무슨 마음이니?"라고 묻고, "하지 마!"라는 말보다 "지금 너무 화가 났구나" "무슨 마음이 들었어?"라고 감정을 알아차리게 도와주는 게 우선이다. 둘째, 감정을 말로 표현하는 연습이 필요하다. "이럴 땐 '속상해', '짜증 나', '슬퍼'라고 말할 수 있어"처럼 아이가 말로 감정을 표현할 수 있도록 평소 감정 단어를 가르쳐 주어야 한다. 셋째, 자해 행동을 대체하는 방법을 제시하는 것이다. "때리고 싶을 땐 이 인형을 때려보자" "머리를 치고 싶을 때는 손으로 무릎을 두드려보자"

라는 등 감정을 다른 방식으로 표현하도록 안전한 출구를 마련해 주자. 넷째, 아이의 자존감 지켜주기다. 행동은 잘못되어도 아이 자체를 비난하지 말라. "이렇게 하면 안 돼"는 괜찮지만, "왜 이렇게 이상하게 행동해?"는 금물이다.

이때 부모가 반드시 조심해야 할 점이 몇 가지 있다.
① 비난보다 공감 먼저: "또 왜 그래?"보다 "지금 많이 힘들었구나"라고 하기.
② 감정을 억누르지 않게 하기: "참아야지" "그만해"가 반복되면 감정 표현이 더 왜곡될 수 있다.
③ 부모 자신의 감정 관리: 아이가 자기 자신을 때리는 모습을 보면 부모도 화가 나거나 무기력해지기 쉽다. 이때 감정을 다스리고 평정심을 유지하는 것이 중요하다.

이런 아이를 방치하면 다음과 같은 문제들이 생길 수 있다.
① 자해 행동의 습관화: 감정을 표현하는 주된 방식으로 자리 잡을 수 있다.
② 자존감의 악순환: '나는 문제 있는 아이야'라는 인식이 굳어질 수 있다.
③ 관계 위축: 또래 친구와의 관계에서 위축되고 소외될 수 있다.
④ 청소년기 이후: 더 심각한 자해로 발전할 수 있다.

따라서 이런 행동이 반복된다면 꼭 전문가의 평가와 상담을 받아 보는 것이 좋다. 심리상담, 놀이치료, 감정 조절 훈련 등이 도움이 된다.

무엇보다도 안전한 감정 표현 공간이 있어야 한다. 아이가 어떤 감정을 가져도 받아줄 수 있는 환경을 만들어주는 것이 1순위다. 다음은 자기 존재에 대한 '긍정'이다. "너는 그 자체로 소중해"라는 메시지를 반복해서 전달해 주는 것이 중요하다. 또한, '감정은 (그 자체로) 나쁜 것이 아니다'라는 인식을 심어주어야 한다. 울고, 화내고, 속상해하는 모든 감정이 사람답게 살아가는 데 필요한 감정이라는 걸 알려주어라.

마무리하며 – 스스로 아프게 하는 아이를 위한 사랑의 언어

아이들이 자기 자신을 때린다는 건 결코 단순히 '버릇없는 행동'이나 '주의를 끌기 위한 시도'가 아니다. 그 안에는 말로 표현하지 못한 깊은 불편감, 좌절감 그리고 때론 자기 비난의 감정이 숨어 있다. 겉모습만 보고 판단하기보다는 그 행동 이면에 숨겨진 '마음의 언어'를 읽어주는 어른이 되어야 한다. 이런 아이일수록 더 많은 안정감이 필요하다. "네가 어떤 감정을 느끼든, 나는 네 곁에 있어" "너의 마음이 틀린 게 아니라 표현 방법만 바꾸면 돼" 같은 메시지를 반복해서 들을 수 있어야 한다.

아이 자신도 자기가 왜 그런 행동을 하는지 모를 때가 많다. 그럴 때 부모가 옆에서 조급해하지 않고 부드럽게 기다려주고, 감정을 함께 정리해 주는 것만으로도 아이의 세계는 조금씩 달라질 수 있다. 그리고 무엇보다 중요한 건, "너는 사랑받을 자격이 있는 존재야" "너는 네 감정을 있는 그대로 표현해도 괜찮아"라는 무조건적인 수용과 애정이다. 아이들은 사랑받는다는 확신을 가질 때, 비로소 자신을 다치게 하는 방식이 아니라 건강하게 표현하고, 나를 돌보는 방법을 배워나간다. 아이가 자기 자신을 때리는 손 대신 누군가의 손을 잡을 수 있도록, 그 손이 바로 엄마, 아빠의 따뜻한 손이 될 수 있도록 조금 더 마음을 다해 아이 곁에 있어주는 거다. 사랑은 아이의 상처를 꿰매는 가장 부드럽고 강력한 실이다.

☑ 체크리스트

최근 1~2개월간 자녀의 행동을 기준으로 체크해 주세요.

❖ 자기 공격 행동의 빈도와 양상
☐ 속상하거나 화가 날 때 자기 머리나 얼굴을 때린다.
☐ 실수했을 때 스스로 손등이나 몸을 꼬집는다.
☐ 분노하거나 억울할 때 바닥에 머리를 부딪히는 행동을 한다.
☐ 자주 "내가 나빠" "나는 못났어" 등의 자책을 표현한다.
☐ 자기 자신을 물거나 손톱으로 긁는 행동을 보인다.

❖ 감정 조절의 어려움
☐ 감정을 말로 표현하기보다 몸으로 해소하려 한다.
☐ 화나 속상함을 억누르다 갑자기 자기를 때리는 행동으로 폭발한다.
☐ 부모나 교사가 "그건 하면 안 돼"라고 지적하면 바로 자기를 때린다.
☐ 자기 감정을 말로 표현하길 어려워하고, 대신 행동으로 드러낸다.
☐ 좌절 상황(실패, 제한, 야단 등)에서 자해 행동이 반복된다.

❖ 자기 이미지와 정서적 안정감
☐ "나는 항상 혼나" "나는 못하는 아이야"라는 말을 자주 한다.
☐ 주변의 평가나 시선을 매우 민감하게 받아들인다.
☐ 감정 기복이 크고 쉽게 불안해하거나 우울해 보인다.
☐ 신체적 접촉(안아주기 등)을 꺼리거나 불편해한다.
☐ 평소에도 자신을 미워하거나 낮게 평가하는 표현을 자주 한다.

📋 점검 결과 해석

0~4개: 자기 조절력과 감정 표현 능력이 기본적으로 유지되고 있다. 단, 감정 언어 표현을 늘릴 수 있도록 가정 내 '감정 코칭'이 필요하다.

5~9개: 아이가 감정 표현에 어려움을 느끼며 자기 비난이 내면화되고 있을 수 있다. '감정을 말로 풀어내는 연습', '실수해도 괜찮다는 경험', '조건 없는 수용'이 중요하다. 감정 조절 놀이나 자기 긍정 훈련을 일상에 포함해서 하면 된다.

10개 이상: 아이가 심리적으로 불안정하거나 자기 부정이 심화된 상태일 수 있다. 소아정신과·아동 상담 전문가의 평가를 권장한다. 자해 행동이 반복적으로 강도 높게 지속된다면, 심층 심리 치료가 필요할 수 있다.

💬 전문가 상담이 필요한 경우

① 자해 행동이 매일 반복되거나 강한 힘으로, 지속적으로 이루어질 경우
② 자해 후에도 감정이 안정되지 않고 흥분 상태가 지속될 경우
③ 아이가 "나 없어졌으면 좋겠어" 등 자기 존재에 대한 부정 표현을 하는 경우
④ 신체 손상이 우려되는 수준의 자해 행동이 있을 경우
⑤ 부모가 제지하거나 위로해도 전혀 진정되지 않는 경우

'다른 아이를 (깨)물어 버리는 아이' 다루는 법

— feat. 그들의 울분을 표출할 다른 방법을 마련해 주어라.

아이들이 갑자기 다른 아이를 물어버리는 모습을 보면 부모는 충격을 받고 당황하게 된다. '왜 우리 아이가 이런 행동을 하지?' '혹시 공격적인 기질을 가진 건 아닐까?' 하는 걱정이 밀려온다. 하지만 아이가 누군가를 물었다고 해서 그 아이가 꼭 폭력적이거나 잘못된 아이인 것은 아니다. 이 행동은 말로 감정을 표현하기 어려운 아이가 자신의 울분, 분노, 억울함을 본능적으로 표출하는 방식일 수 있다.

다른 아이를 무는 행동의 원인은 다양하다.
① 언어 표현력 부족
말로 감정을 설명할 수 없는 유아기 아이들은 자신의 감정을 몸으로 드러내는 경향이 있다. '말 대신 이빨'이 나오는 것이다.
② 감정 조절 능력 미숙
분노, 질투, 억울함을 느꼈을 때 스스로 다스리는 방법을 아직 배우지 못한 경우, 그 강렬한 감정은 '물기'로 표출된다.

③ 주의 끌기 또는 강한 표현 욕구
자신의 존재감을 드러내기 위해 또는 다른 아이에게 '나 화났어!'라는 강한 메시지를 전달하려는 목적일 수 있다.
④ 스트레스나 불안
이사, 이별, 어린이집 적응 등 환경 변화나 가정 내 긴장감 등이 물어버리는 행동으로 이어지기도 한다.

이런 아이들의 기질적, 심리적, 환경적 특징은 다음과 같다.
① 감정 표현이 서툴다.
② 예민하거나 통제 욕구가 강하다.
③ 자기주장과 욕구가 명확한 편이다.
④ 경쟁 상황에 민감하게 반응한다.
⑤ 낯선 환경에서 긴장하거나 불안을 강하게 느낀다.

이런 아이를 양육할 때는 첫째, 혼내는 대신 이해가 원칙이다. 물었다는 사실에 초점을 맞춰 혼내기보다 "무슨 마음이었을까?"를 먼저 묻고 공감해 주어야 한다. 둘째, 감정 단어 가르치기다. "화났어?" "속상했어?" "그럴 땐 어떻게 말할 수 있을까?"처럼 감정 단어를 자주 드러내 언어 표현력을 키워줘야 한다. 셋째, 물기 전에 대체할 행동 가르치기다. 예를 들어 주먹 꼭 쥐기, 고함 대신 쿠션 때리기, 손바닥에 감정 쓰기 등 물고 싶은 충동이 들 때 쓸 수 있는 '감정 방출 행동 카드'를 함께 만들어도 좋다. 넷째, 공공장소에서의 **빠른 중재**다. 갈등이 생겼을 때 바로 개입해서 물지 않고 말로 표현하는 훈련을 도와주는 것이다.

구체적인 대체 방법 예시(표)

상황	대체 방법	부모의 반응 예시
친구가 내 장난감을 뺏었을 때	"싫어!"라고 크게 말하기	"네가 속상해서 그런 거구나. 다음엔 말로 알려보자."
화가 날 때	손에 감정공 쿠션 쥐기	"지금 엄청 화가 났구나. 이 쿠션을 꽉 쥐어보자."
억울할 때	"나도 하고 싶었어!"라고 말하기	"그 마음 말해줘서 고마워. 같이 해볼까?"

양육 방향 및 부모 태도

① "왜?"보다 "무슨 마음이었을까?"를 먼저 묻기.
② 공격성보다 감정을 바라보는 눈으로 아이를 이해하기.
③ 반복적인 상황에서는 일관된 대응과 훈련 필요.
④ 공감+경계+안정감의 세 박자가 중요.

놓치지 말아야 할 문제들

행동이 잦고 강도가 심할 경우, 공감 능력이나 자기 조절 능력의 발달 지연 가능성도 고려해야 한다. 유치원이나 어린이집에서 지속적으로 갈등을 일으키는 경우는 사회성 훈련 또는 아동 상담이 필요할 수도 있다.

마무리하며 - 물기 행동, 감정이 보내는 구조 신호

'다른 아이를 물었다'라는 사실 하나만 보고 부모의 마음이 조급해지고 두려워지는 건 당연한 반응이다. 하지만 아이의 행동을 결과로만 판단하면 그 안에 숨어 있는 더 중요한 신호를 놓칠 수 있다. 물기 행동은 대개 아이가 감당하기 어려운 감정이 차오를 때, 그 감정을 몸으로 '발산'하고 싶은 신호다. 누군가를 해치기 위한 목적이 아니라 '자기 안의 혼란을 정리하고 싶다'라는 간절한 몸짓이기도 하다.

이럴 때 부모는 교사처럼 훈육하려 하기보다 감정 통역사로서 역할이 필요하다. "지금 무슨 마음이야?" "어떤 상황에서 그랬던 거야?" "그런 기분, 엄마도 이해돼" 같은 말을 들으며 아이는 자신의 마음을 배우고, 말로 꺼내는 연습을 한다. 물기 행동은 멈추게 해야 할 '위험한 행동'이기도 하지만, 동시에 아이가 보내는 '도와줘요'라는 구조 신호이기도 하다. 우리는 그 구조 신호에 '벌'이 아니라 '이해'로 응답할 수 있어야 한다.

물기 행동은 성장하는 과정에서 나오는 아주 일시적인 통과 의례일 수 있다. 적절한 훈련과 감정 지도를 통해 이런 아이들이 오히려 더 섬세하고 공감력 높은 아이로 성장할 수 있다. 마지막으로, 아이가 물기 행동을 했다고 해서 그 아이의 성품이나 미래까지 걱정하지 말라. 지금 아이에게 필요한 것은 단 하나, 자신의 감정을 안전하게 표현해도 괜찮다는 확신이다. 그 믿음 위에서 아이는 서서히 변하고 성장할 것이다.

☑ 체크리스트

최근 1개월간 아이의 행동을 떠올리며 체크해 주세요.

❖ **물기 행동의 빈도와 맥락**
☐ 아이가 또래 아이를 문 적이 최근 2회 이상 있었다.
☐ 원하는 것을 얻기 위해 물거나 밀치는 행동을 한 적이 있다.
☐ 자기 뜻대로 되지 않을 때, 감정을 조절하지 못하고 공격적인 반응을 보인다.
☐ 놀다가 흥분하거나 장난이 과격해져서 상대를 문 적이 있다.
☐ 또래와의 상호작용 중 말보다는 행동으로 의사를 표현하려 한다.

❖ **아이의 정서 및 스트레스 반응**
☐ 분노나 짜증을 격하게 표현하는 편이다.
☐ 평소에도 불안하거나 예민한 반응을 자주 보인다.
☐ 주목받지 못하거나 무시당할 때 갑자기 과격한 행동을 한다.
☐ 자신의 감정을 말로 표현하는 데 어려움을 보인다.
☐ 물고 난 후에 죄책감이나 눈치를 보며 반응한다.

❖ **부모의 반응 및 양육 환경**
☐ 아이가 남을 물었을 때 혼내거나 체벌로 대응한 적이 있다.
☐ "왜 또 그랬어?" "그럼, 친구가 싫어하지" 등으로 지나치게 비난한 적이 있다.
☐ 반대로 아이가 물었을 때, '어릴 땐 그럴 수 있어'라며 그냥 넘긴

적도 있다.
☐ 평소에 아이의 감정 표현을 충분히 들어주지 못하는 편이다.
☐ 가정 내 갈등이나 긴장이 아이에게도 영향을 미치는 상황이 있다.

점검 결과 해석

0~5개: 물기 행동은 일시적인 스트레스 반응일 가능성이 높다. 기본적인 감정 조절 훈련과 환경 조율로 개선이 가능하다.

6~10개: 의사소통 능력 부족, 정서적 긴장, 환경 요인이 복합적으로 작용하고 있을 수 있다. 물기 전 상황 관찰, 감정 언어 훈련, 일관된 부모 반응이 필요하다.

11개 이상: 행동 조절에 뚜렷한 어려움이 있으며, 부모의 대응 방식도 재점검이 필요하다. 유아 상담, 놀이치료, 감각 통합평가 등 전문가의 개입을 권장한다.

전문가 상담이 필요한 경우

① 물기 행동이 반복적이고 공격적인 감정 조절 어려움이 클 때
⑰ 의사소통 부족을 신체 행동(물기 등)으로 표현하는 경우
③ 물기 후 죄책감, 눈치보기 등의 반응이 강한 경우
④ 부모의 양육 반응이 일관되지 않거나 양극단을 오갈 때
⑤ 가정 내 갈등, 긴장 등이 아이의 공격적 행동으로 드러날 때

Chapter 3.

산만하고 예측 불가능한 아이
– 규칙과 집중력 만들기

당신은 아이에게 가장 큰 힘이 되어주고 있다.
완벽한 부모가 되려고 애쓰기보다,
아이의 혼란 속에 함께 머물러 줄 수 있는 따뜻한
동반자가 되어주어라.

'산만한 아이'
다루는 법

— feat. 산만함을 '태도'가 아닌 '신호'로 바라보자.

"우리 아이는 도무지 가만히 있질 못해요." "집중을 못 하고, 한 가지를 오래 하질 않아요." "학교에서도 산만하다는 얘기를 자주 들어요."

많은 부모가 이런 고민을 털어놓곤 한다. '산만함'은 아이의 행동을 설명하는 쉬운 말이지만, 그 속에는 사실 다양한 원인과 의미가 숨어있다. 그리고 이 산만함이 단지 '버릇'이나 '성격' 문제가 아닌 경우도 많다. 바로 그 점이 아이의 산만함을 '태도'가 아닌 '신호'로 읽는 것이 중요한 이유다.

산만한 행동은 주의가 쉽게 산만해지거나 충동적으로 행동하며, 끊임없이 움직이고 이야기하는 모습으로 나타난다. 하지만 모든 산만함이 같은 뿌리를 가진 것은 아니다.

첫째, '발달적 산만함'으로 유아기~초등 저학년 아이들은 원래 집중력이 짧다. 미성숙한 전두엽 기능 탓에 관심이 이리저리 옮겨 다니는 것이 당연하다. 이 시기의 산만함은 일시적인 경우가 많다.

둘째, '정서적 요인에 의한 산만함'이다. 불안한 아이들은 마음을 집중하는 데 어려움을 겪는다. 외부 자극에 민감하게 반응하고, 주변을 끊임없이 살핀다. 눈치 보는 아이나 불안한 아이도 산만해 보일 수 있다.

셋째, '관심받고 싶은 표현으로서의 산만함'으로 부모나 교사의 주의를 끌기 위해 일부러 산만하게 행동하기도 한다. 이 경우는 아이의 욕구가 채워지지 않았다는 신호다.

넷째, 'ADHD(주의력결핍 과잉행동장애)'의 경우다. 흔히 산만한 아이와 ADHD 아이는 비슷하게 보이지만 중요한 차이가 있다. ADHD는 단순한 산만함을 넘어 일상생활 기능 전반에 영향을 미친다.

ADHD와 (단순히) 산만한 아이의 감별 포인트는 다음과 같다.
먼저 집중력에 있어서 단순 산만의 경우는 지루할 때만 산만한 데 비해, ADHD의 경우는 재미있는 일에도 쉽게 집중하지 못한다. 충동성도 단순 산만은 때때로 참지 못하는 데 반하여, ADHD는 거의 항상 먼저 말하고 행동하는 경향이 있다. 과잉행동도 단순 산만은 특정 상황에서만 활발하고, ADHD는 거의 모든 상황에서 지나치게 활동적이다. 시간 개념도 단순 산만은 느슨하지만 인식이 가능하다. ADHD는 시간, 순서 개념이 전반적으로 매우 약하다. 기능 손상 문제도 단순 산만은 학업이나 일상생활에 큰 지장이 없다. 하지만 ADHD는 학업, 친구 관계, 가족과의 생활에 반복적인 문제가 발생한다. 단, 주의할 점은 진단은 반드시 전문가와의 면담과 검사를 통해 이뤄져야 하며, 단순히 몇 가지 행동만 보고 'ADHD다'라고 단정

해서는 안 된다.

산만한 아이와의 관계에서 가장 중요한 키워드는 '조절'과 '연결'이다. 아이 스스로 조절하는 힘을 기르게 도우면서, 부모나 교사와 정서적으로 연결되어 있다는 안정감을 느끼게 해주는 것이 핵심이다.
첫째, 규칙보다는 예측할 수 있는 환경 만들기다. 산만한 아이들은 '불확실성'에 더 민감하다. 정해진 일과표, 반복되는 루틴, 시각적 시간표 등은 불안을 줄이고 집중을 돕는다. 둘째, 눈치 주기보다 연결된 관심이다. "또 정신 안 차려?"보다는 "네가 지금 집중이 잘 안되는 것 같아. 뭘 도와줄까?"처럼 아이의 행동을 비난하기보다 원인을 함께 찾아가는 접근이 효과적이다.
셋째, 작은 성공 경험 쌓기다. 산만한 아이는 자주 실패를 경험한다. 그러다 보면 '나는 원래 안 돼'라는 무기력이 자리 잡는다. 작고 구체적인 과제를 설정해 성공 경험을 느끼게 하자. "10분 동안 책상에 앉아 있자" 같은 작은 도전이 중요하다. 넷째, 신체 활동을 충분히 해야 한다. 움직임이 많은 아이에게는 앉아 있으라고만 하지 말고 '움직일 기회'를 제공하자. 산책, 줄넘기, 춤추기 등 에너지를 건강하게 발산할 수 있도록 돕는다. 다섯째, 정서적 안정 먼저다. 산만함이 클수록 아이의 내면은 더 혼란스러울 수 있다. '산만해서 문제야'라는 시각보다는 '이 아이는 어떤 감정을 품고 있을까?'라고 한 번 더 들여다보는 여유가 필요하다.

마무리하며 – 산만한 아이를 둔 부모에게

산만한 아이를 키운다는 것은 마치 종잡을 수 없는 파도 위에서 매일 항해하는 일과도 같다. 잠시 집중하는가 싶으면 곧 다른 곳으로 시선을 옮기고, 말은 끊이지 않고, 가만히 있는 순간보다 움직이는 시간이 더 많은 아이를 보며 부모는 지치고, 때로는 '내가 뭘 잘못했을까'라는 자책에 빠지기도 한다.

하지만 꼭 기억하라. 아이의 '산만함'은 결코 부모의 양육 실패나 아이의 성격 결함이 아니란 점이다. 그 안에는 수많은 이유와 메시지가 숨어 있으며, 그 메시지를 읽어주는 어른이 있다면 아이는 더 건강하게 성장할 수 있다. 산만함은 '제거해야 할 문제 행동'이 아니라, 아이가 스스로 조절하는 힘을 기르기 위한 출발점이 될 수 있다. 아이의 산만함을 '왜 저래?'라고 바라보기보다 '무엇을 말하고 싶은 걸까?'로 바꾸는 순간, 양육의 방향은 전혀 달라진다. 아이가 보내는 신호를 '오류'로 보지 말고 '메시지'로 받아들인다면, 부모와 아이 모두 훨씬 더 가벼운 마음으로 길을 함께 걸을 수 있다.

그리고 무엇보다 중요한 것은, 아이는 혼자 자라지 않는다는 사실이다. 산만한 아이에게는 "너는 그 자체로 괜찮아"라고 말해주는 어른의 지지와 신뢰가 필요하다. 그 믿음은 아이를 안정시키고, 결국 자기조절의 힘을 키우는 가장 든든한 바탕이 된다. 오늘도 '산만한' 아이를 품고 하루를 버텨낸 당신, 충분히 잘하고 있다. 지금 이 순간도 당신은 아이에게 가장 큰 힘이 되어주고 있다. 완벽한 부모가 되려고 애쓰기보다 아이의 혼란 속에 함께 머물러 줄 수 있는 따뜻한 동반자가 되어주어라. 그 시작이 바로 아이를 바꾸는 가장 깊은 힘이 된다.

☑ 체크리스트

최근 1~2개월 동안 자녀의 행동을 떠올리며 체크해 주세요.

❖ **집중력 관련 항목**

☐ 한 가지 활동에 집중하는 시간이 5분도 되지 않는다.

☐ 설명을 듣거나 책을 볼 때 금방 딴생각을 하거나 주변을 살핀다.

☐ 숙제나 놀이 중에도 자주 자리를 뜨거나 움직인다.

☐ 무언가를 하다 말고 다른 걸 하러 가는 일이 잦다.

☐ 집중해야 하는 활동(공부, 독서, 미술 등)을 불편해하거나 싫어한다.

❖ **충동성과 조절력**

☐ 말할 차례를 기다리지 못하고 말을 끊거나 먼저 말한다.

☐ 감정이 앞서 행동하고 나서 후회하는 경우가 많다.

☐ 위험하거나 하지 말라고 한 행동을 충동적으로 실행한다.

☐ 지시를 듣고도 끝까지 따르지 못하고 도중에 포기하거나 빠진다.

☐ 물건이나 장난감을 거칠게 다루거나 던지는 일이 많다.

❖ **일상 및 생활 습관**

☐ 방이나 가방, 책상이 항상 어지럽혀져 있다.

☐ 필요한 물건을 자주 잃어버리거나 정리정돈을 어려워한다.

☐ 약속 시간, 일정, 순서를 자주 잊거나 헷갈려한다.

☐ 다른 사람의 말을 들을 때도 눈을 마주치지 않거나 산만해 보인다.

☐ 부모의 말이나 규칙을 제대로 듣지 않거나 기억하지 못한다.

📋 점검 결과 해석

0~4개: 일시적인 '주의 산만'일 가능성이 높다. 환경 조절과 일관된 생활 습관, 간단한 집중 훈련 놀이를 통해 개선할 수 있다.

5~8개: 산만함이 생활 전반에 영향을 미칠 가능성이 있다. 부모의 양육 태도, 일상 구조화, 감각 자극 관리, 자기 조절 놀이 등을 함께 고려해 보라.

9개 이상: 주의력 결핍, 충동 조절 문제, 감각 민감성 등의 가능성이 있다. 다음 항목에 해당하면 소아정신과나 발달 전문가 상담을 권장한다.

💬 전문가 상담이 필요한 경우

① 산만함으로 인해 또래와의 갈등, 수업 중 방해, 과제 수행 어려움이 반복될 때

② 교사나 타인의 지적이 잦고, 아이가 위축되거나 반항적인 반응을 보일 때

③ 일상생활에서 감정 기복, 수면 문제, 식사 문제 등이 함께 나타날 때

④ 가족 중 주의력결핍(ADHD)이나 감각 과민 등의 기질을 가진 사람이 있을 때

'짜증을 많이 내는 아이' 다루는 법

– feat. '짜증' 속에 담긴 그들의 신호를 알아내자.

"조금만 안 풀려도 소리를 질러요." "아침마다 짜증부터 내요." "툭하면 불만이고, 화를 참질 못해요."

이처럼 자주 짜증을 내는 아이를 보면 부모는 지치고 당황하게 마련이다. 그러나 이 '짜증'은 단순한 버릇이나 성격의 문제가 아니라 아이가 말로 표현하지 못하는 감정과 욕구의 '신호'일 수 있다.

아이마다 기질, 정서 조절 능력, 성장 환경이 달라서 짜증을 표현하는 방식에도 큰 차이가 있다. 하지만 짜증이 잦은 아이들에게는 몇 가지 공통적인 특징이나 원인이 있다.

첫째, 기질적 특성으로 일부 아이는 선천적으로 감각에 민감하고, 새로운 자극에 쉽게 예민해지는 기질을 가지고 있다. 이런 아이는 변화에 적응하기 어렵고, 작은 스트레스에도 쉽게 불쾌함을 표현하게 된다.

둘째, 미성숙한 정서 조절 능력 때문이다. 아이들은 아직 감정을 적절히 조절하고 표현하는 능력이 충분히 발달하지 않은 상태다. 짜증은 그 감정을 '말로 표현하기 어려울 때 터져 나오는 '비언어적 언어'다. 슬픔, 불안, 피로, 배고픔, 답답함 등의 감정이 '짜증'으로 표출되는 경우가 많다.

셋째, 욕구가 좌절되었을 때다. 하고 싶은 일이 방해받거나 자신의 뜻이 무시당한다고 느끼면 아이는 즉각적으로 좌절과 분노를 표현한다. 특히 자기 주장이 강한 아이일수록 이러한 반응이 더 잦을 수 있다.

넷째, 주변 환경의 영향이다. 부모의 과도한 통제, 잦은 훈육, 갈등이 많은 가정 환경 등은 아이를 더욱 예민하게 만들고 짜증을 유발할 수 있다. 반대로, 지나치게 방임된 환경도 아이에게 필요한 구조와 예측 가능성을 제공하지 못해 짜증을 늘게 만들 수 있다.

짜증은 '감정 조절이 안 되는 상태' 그 자체지만 더 깊이 들여다보면 그 속에는 아이의 다양한 정서적 욕구와 신호가 담겨 있다. 어떤 아이는 외로워서, 어떤 아이는 자신이 통제권을 잃었다고 느껴서, 또 어떤 아이는 충분히 이해받지 못한다고 생각해서 짜증을 낸다. 따라서 아이의 짜증을 단순히 '고쳐야 할 문제 행동'으로 보기보다, 그 감정의 뿌리를 함께 찾아가는 것이 중요하다.

짜증 많은 아이는 첫째, 감정을 언어로 표현하도록 도와야 한다. "짜증 내지 마"보다는 "지금 어떤 기분이야?"라고 묻자. 감정을 알아차리고 말로 표현하는 연습을 반복하면 점차 짜증보다는 언어로 소통하게 된다. 둘째, 정서적 공감 먼저, 훈육은 나중이다. 짜증을 내는 순간에는 논리적 설명이 통하지 않는다. 먼저 "속상했구나" "그럴 수도 있어" 같은 공감의 언어로 아이의 감정을 받아준 후, 나중에 상황을 함께 돌아보며 더 나은 방법을 알려주자. 셋째, 예측할 수 있는 일과와 규칙 만들기다. 짜증이 많은 아이일수록 불확실성과 통제 불가능한 상황에 예민하다. 일정한 루틴과 명확한 규칙은 아이에게 안정감을 준다. 넷째, 짜증이 아닌 긍정적 표현 강화하기다. 짜증을 참거나 말로 표현했을 때 "지금 말해줘서 고마워" "잘 참았네"처럼 긍정적인 피드백을 주면, 아이는 점점 더 성숙한 방식으로 감정을 표현하게 된다. 다섯째, 부모의 감정 조절도 중요하다. 아이의 짜증에 같이 짜증을 내기 시작하면 악순환만 반복된다. 아이의 감정을 받아주려면 먼저 부모 자신의 감정을 다스리는 힘도 필요하다.

마무리하며 – 짜증은 감정의 SOS

짜증을 많이 내는 아이는 결코 '버릇이 없다'거나 '성격이 나쁘다'라는 말로 쉽게 정의할 수 있는 존재가 아니다. 오히려 그 아이는 세상과의 연결 방식이 조금 서툴고, 자기 안의 감정을 감당하기에 아직 미숙한 존재일 뿐이다. 감정은 본능이고, 표현은 기술이다. 아이가 짜증이라는 방식으로 감정을 쏟아내는 것은, 그 안에 담긴 마음을 어떻게 표현할지 아직 배우지 못했다는 의미일 수 있다.

아이의 짜증은 때때로 우리를 지치게 만들고 인내심의 한계를 시험하곤 하지만, 그 속엔 '내 마음 좀 알아줘', '나 지금 힘들어'라는 작은 신호가 숨어 있다. 아이는 아직 그 마음을 다듬고 표현할 수 있는 언어를 충분히 갖고 있지 않기 때문에 부모가 먼저 그 마음을 읽어내고 말로 옮겨주어야 한다.

부모는 마치 통역사와도 같다. 아이의 행동 너머에 있는 감정을 해석하고, 언어로 바꾸어주고, 새로운 표현 방법을 안내해 주는 역할을 한다. 그리고 그 역할을 통해 아이는 점차 더 성숙하게 자신을 표현하는 힘을 길러간다. 오늘도 아이가 이유 없이 짜증을 낸다면 그 짜증 속에 담긴 '보이지 않는 마음'을 읽어보라. 어쩌면 그 속에는 피곤함, 속상함, 불안, 서운함, 사랑받고 싶은 마음이 숨어 있을지 모른다.

"왜 짜증을 내지?"가 아니라, "어떤 마음이 숨겨져 있을까?"라고 물어보는 것. 그 질문 하나로 아이의 감정 세계에 한 걸음 더 가까이 다가갈 수 있다. 결국 아이가 원하는 것은 '혼나지 않는 아이'가 아니라 '이해받는 아이'가 되는 것이다. 그리고 그 이해의 시작점은 부모의 따뜻한 시선과 기다림이다. 짜증은 단절이 아니라 마음을 이어주는 다리가 될 수 있다.

✅ 체크리스트

최근 1~2개월 동안 자녀의 행동을 떠올리며 체크해 주세요.

❖ 감정 표현 및 반응 행동

☐ 사소한 일에도 쉽게 짜증을 내거나 불평한다.
☐ 원하는 것이 바로 해결되지 않으면 신경질적인 반응을 보인다.
☐ 짜증을 낼 때 소리 지르기, 발 구르기, 물건 던지기 등의 행동을 보인다.
☐ 동생이나 친구가 건드리기만 해도 짜증을 내며 거칠게 반응한다.
☐ 짜증을 낼 때 표정이나 말투가 매우 날카롭거나 예민해 보인다.

❖ 일상생활 속 짜증 유발 상황

☐ 식사, 씻기, 정리 등 일상 활동에서 거부나 짜증을 자주 보인다.
☐ 약속이나 규칙을 지켜야 할 때 화를 내거나 짜증을 낸다.
☐ 부모가 훈육하거나 제안할 때 항상 반항하거나 짜증으로 응답한다.
☐ 아침 기상, 외출 준비, 숙제 시간 등 일과 전환 시 강한 저항과 짜증을 보인다.
☐ 다른 사람의 말이나 행동을 자주 오해하고 불쾌해하며 짜증 낸다.

❖ 정서 상태 및 기질

☐ 평소에도 불만이 많고 부정적인 말("짜증 나", "재미없어")을 자주 한다.
☐ 피곤하거나 배가 고프면 감정 조절이 안 되고 짜증이 크게 폭발

한다.
- ☐ 불안하거나 긴장되는 상황에서 짜증으로 감정을 표현하는 경우가 많다.
- ☐ 한 번 짜증이 나면 진정되기까지 시간이 오래 걸린다.
- ☐ 부모나 보호자의 반응에 예민하게 반응하며 방어적으로 짜증을 낸다.

점검 결과 해석

0~4개: 일시적 스트레스나 피로로 인한 짜증일 수 있다. 일관된 양육과 공감적 대응으로 안정된 감정 조절 환경을 만들어주면 된다.

5~9개: 짜증 반응이 일상생활과 관계에 영향을 줄 수 있는 수준이다. 감정 이름 붙이기, 호흡 훈련, 마음 일기 쓰기 등을 활용한 감정 조절 훈련이 필요하다.

10개 이상: 감정 조절에 상당한 어려움을 겪고 있으며, 다음 항목에 해당하면 전문가 상담이 권장된다.

전문가 상담이 필요한 경우

① 짜증 표현이 신체적 폭발 행동으로 나타나는 경우
② 짜증이 일상생활 전반에 광범위하게 영향을 미치는 경우
③ 감정 조절 시간이 길고 진정이 어려운 경우
④ 불안이나 긴장이 짜증으로 전환되는 경우
⑤ 부모 반응에 과도하게 예민하고 방어적으로 짜증을 낼 때

'엉뚱한 아이' 다루는 법

— feat. '엉뚱함'에 대한 정확한 구별이 필요하다.

"우리 아이는 도대체 무슨 생각을 하는 건지 모르겠어요." "말도 행동도 종종 맥락이 없고 엉뚱해요." "친구들과 잘 어울리지 못하고 자기만의 세상에 빠진 것 같아요." 이처럼 쉽게 이해되지 않는 방식으로 말하거나 행동하는 아이를 우리는 흔히 '엉뚱하다'라고 표현한다. 이 말 속에는 귀엽고 창의적이라는 긍정적 느낌과 동시에 '걱정스럽고, 이해되지 않는다'라는 부정적 느낌이 공존한다. 그렇다면 '엉뚱함'은 아이의 개성일까, 아니면 조심해서 살펴봐야 할 신호일까?

엉뚱함은 상황과 맥락에서 벗어난 사고와 행동을 보일 때 흔히 사용하는 말이다. 예를 들어 모두가 슬퍼하는 상황에서 혼자 웃거나, 질문과는 전혀 다른 대답을 한다거나, 자신만의 논리로 세상을 해석하는 경우 등이다. 이런 모습은 아이가 창의적이고 상상력이 풍부해서 나타날 수도 있지만, 반복적이고 일관되게 이어질 경우 정서적, 발달적 측면에서 점검이 필요할 수도 있다.

엉뚱하다는 것이 반드시 문제를 의미하는 것은 아니다. 오히려 기존의 틀에서 벗어난 생각과 행동은 창의성의 중요한 자양분이다. 그러나 다음과 같은 상황에서는 아이의 '엉뚱함'이 일상생활이나 대인관계에 영향을 미치는지를 주의 깊게 살펴볼 필요가 있다.

① 또래 친구들과 어울리는 데 지속적인 어려움을 겪는다.
② 의사소통이 잘 되지 않아 주변에서 자주 오해를 받는다.
③ 감정을 표현하는 방식이 일반적인 방식과 다르거나 과도하다.
④ 현실과 상상의 경계를 구분하는 데 어려움을 보인다.

자폐 스펙트럼(ASD)과의 구분

'엉뚱한 아이'가 모두 '자폐 스펙트럼'과 연결되는 것은 결코 아니다. 다만 사회적 단서 해석의 어려움, 맥락 없는 발언, 고집스러운 행동 양상 등이 반복되고 또래 관계 형성에 지속적인 어려움이 있다면 전문가의 평가가 필요할 수 있다. 다음과 같은 특징이 반복된다면 '자폐 스펙트럼' 여부를 고려해 볼 수 있다.

1. 사회적 상호작용 영역

① 눈 맞춤이 잘 이뤄지지 않음
② 다른 사람의 감정에 대한 공감이 부족하거나 무반응
③ 또래와 상호작용이 적고 혼자 노는 것을 선호함
④ 타인의 의도를 잘 파악하지 못하고 자신의 방식만 고수함

2. 언어 및 의사소통

① 맥락과 상관없이 특정 단어나 문장을 반복함(반향어 등)

② 대화의 흐름을 이해하지 못하고 질문에 엉뚱하게 반응함

③ 자기 관심사에 대해서만 말하고 상대의 말에 반응이 없음

3. 행동 및 관심사

① 반복적인 움직임(손 흔들기, 물건 줄 세우기 등)

② 특정 대상이나 일과에 과도한 집착

③ 감각 자극(소리, 빛, 촉감 등)에 과민하거나 무감함

4. 다음과 같은 상황이라면 전문가와의 상담이 필요하다.

① 엉뚱한 행동이 6개월 이상 지속되며 또래와의 관계에 어려움이 있음

② 아이가 감정을 잘 표현하지 못하고 이해되지 않는 반응을 보임

③ 학교나 가정 등 일상생활에서 어려움이 증가하고 있음

④ 아이의 행동이 부모조차 이해하기 어려울 만큼 고립적이거나 예측 불가함

엉뚱한 아이를 대할 때 유의할 점은 첫째, 개성으로 인정하되 경계는 살핀다. 창의적이고 독창적인 사고는 지지해 주되, 사회적 상호작용에서 반복적인 문제가 있는 경우 전문가와 상의해 보자. 둘째, 아이의 '논리'에 귀 기울이다. 아이에게 왜 그런 행동을 했는지 물어보면 어른이 생각지 못한 의외의 이유가 나올 수 있다. 이는 아이의 사고방식을 이해하고 공감하는 데 도움이 된다. 셋째, 일상 속 맥락과 감정 읽기 훈련이다. 역할극, 그림책 읽기, 표정 따라 하기 놀

이 등을 통해 감정과 상황을 연결 짓는 연습을 함께 해보자. 넷째, 또래와의 상호작용을 도와주기다. 다른 아이들과의 놀이 상황을 부모가 중재해 주거나, 작은 그룹에서 사회적 기술을 연습할 수 있도록 도와주는 것도 좋다. 다섯째, 비교보다 지지를, 교정보다 이해를. 아이의 엉뚱함을 '고쳐야 할 결함'으로 보기보다는 그 아이만의 '독특한 언어'로 바라보자. 다만 그것이 세상과의 연결을 방해하고 있다면 조심스럽게 다리 놓기를 시작하면 된다.

마무리하며 – 엉뚱함, 날개가 되기 위한 여정

엉뚱한 아이는 종종 세상을 '조금 다른 각도'에서 바라보는 아이일 수 있다. 그 눈에는 우리가 미처 보지 못한 색깔이 담겨 있고, 그 마음에는 어른의 기준으로는 쉽게 설명할 수 없는 세계가 존재한다. 이런 아이에게 필요한 것은 '일반적인 사고방식'으로의 무리한 교정이 아니라 그만의 독창성과 세계가 관계 안에서도 건강하게 기능할 수 있도록 도와주는 다리이다.

엉뚱함은 그 자체로 잘못된 것이 아니다. 때로는 상상력이라는 날개일 수 있고, 때로는 불안하거나 미숙한 감정 표현의 한 방식일 수도 있다. 중요한 것은 아이가 자기 생각을 펼칠 수 있도록 허용하되, 그것이 지속적인 고립이나 오해로 이어지지 않도록 주변에서 돕는 것이다.

부모는 아이의 세계에 들어가는 첫 번째 여행자이다. '왜 저렇게 말할까?'라고 의아해하기보다, '어떤 마음이 있었을까?'라고 묻는 태도에서 출발해 보라. 그렇게 아이의 사고에 귀를 기울이고 이해하려는 노력을 반복하다 보면 아이는 '있는 그대로의 나도 괜찮구나'라는 감정의 안전 기반을 만들게 된다. 또한, 아이의 엉뚱함이 반복적으로 '이해받지 못하는 경험'으로 이어지고, 사회적 관계에서 자꾸 고립된다면 그것은 아이가 지금 도움이 필요하다는 신호일 수 있다. 그럴 때는 전문가와 함께 아이의 발달 특성과 감정 조절, 사회적 기술 등을 종합적으로 점검해 보는 것이 필요하다.

아이의 엉뚱함이 진짜 날개가 되기 위해선 그 날개가 어디로 날아가고 싶은지 함께 바라봐줄 어른이 필요하다. 때론 아이의 속도를 따라가느라 답답하거나 두려울 수도 있지만, 그 여정 속에서 우리는 아이만의 언어와 리듬을 이해하게 되고, 부모로서 더 넓은 시야와 깊은 공감을 얻게 된다. 아이의 독특함을 결점이 아닌 선물로 바라보는 눈, 그 선물이 잘 펼쳐지도록 도와주는 손이 되어주어야 한다. 그게 바로 세상과 아이를 이어주는 진짜 다리이다.

✅ 체크리스트

최근 1~2개월 동안 자녀의 행동을 떠올리며 체크해 주세요.

❖ 사고방식과 표현

☐ 질문에 대한 대답이 예상과 전혀 다른 방향으로 튀는 경우가 많다.
☐ 설명을 들은 뒤 자신만의 방식으로 독특하게 해석하거나 응용하려 한다.
☐ 사소한 것에도 호기심을 보이며 왜 그런지 질문을 많이 한다.
☐ 현실과 다소 동떨어진 상상을 말하거나 그에 몰입하는 경우가 있다.
☐ 본인의 아이디어를 자신 있게 말하지만, 타인과 맥락이 어긋나는 경우가 있다.

❖ 창의성과 집중 패턴

☐ 그림을 그릴 때 색이나 구성에서 독특함이나 기발함이 있다.
☐ 놀이할 때 정해진 방식보다는 자신만의 방법으로 바꾸어 놀기를 좋아한다.
☐ 과제를 수행할 때 기준을 벗어난 접근을 하지만 일관된 논리가 있다.
☐ 관심이 가는 대상에는 매우 집중하지만 쉽게 산만해 보이기도 한다.
☐ 반복적인 설명보다 자율적인 탐색 활동을 더 즐긴다.

❖ 사회적 반응과 감정 표현

☐ 어른들이 이해하기 어려운 말을 자신만의 세계에서 설명하는 경

우가 있다.
- ☐ 친구들과 놀이 중에도 독창적인 규칙을 제안하거나 혼자 다른 방식으로 논다.
- ☐ 감정을 말로 표현할 때 직접적이지 않고 빙 돌려 표현하는 경우가 많다.
- ☐ 말이나 행동이 다소 엉뚱하다는 평을 듣지만 악의는 없다.
- ☐ 엉뚱한 발언을 했을 때 당황하지 않고 당당하게 자신을 표현한다.

📋 점검 결과 해석

0~4개: 자녀는 아직 엉뚱한 성향보다는 일반적이고 틀 안의 사고를 더 많이 하는 편이다. 다양한 창의적 놀이와 자유로운 표현 기회를 늘려주는 환경 조성이 도움이 된다.

5~9개: 엉뚱함과 창의성의 특성이 균형 있게 드러나는 시기다. 자녀의 독특한 사고를 재미있게 받아주고, 엉뚱한 표현 속에 담긴 감정과 논리도 함께 존중해 주면 된다.

10개 이상: 높은 창의성과 독창적 표현력을 지닌 엉뚱한 아이일 가능성이 높다. 부모는 아이의 세계를 비판하거나 고치려 하기보다는 이해하고 표현력을 발전시킬 기회를 제공하는 것이 중요하다.

💬 전문가 상담이 필요한 경우

① 엉뚱한 말이나 행동이 반복되어 의사소통 단절이나 또래와의 관계 형성 실패로 이어지는 경우
② 상상과 현실을 구분하지 못하거나 현실 감각이 부족해 현실 왜곡

적인 표현을 자주 하는 경우
③ 엉뚱함이 강한 고집이나 융통성 부족과 결합되어 일상생활에 반복적인 충돌을 일으키는 경우
④ 주의력 결핍(ADHD), 언어 발달 지연, 사회적 상호작용의 어려움(예: 자폐 스펙트럼) 등으로 의심될 만한 행동 양상이 동반되는 경우
⑤ 아이의 행동을 지속적으로 해석하기 어렵고 정서적 반응이나 반항으로 느껴질 때

'손톱을 깨무는 아이' 다루는 법

— feat. 직접적인 제재나 금지는 별로 효과가 없다.

어느 날 문득 아이가 손톱을 물고 있는 모습을 보게 된다. "하지 마!" "그 손 좀 놔봐!" 하고 말리지만, 어느새 또다시 손이 입으로 가 있다. 이 반복적인 행동은 단순한 습관 같기도 하지만 그 안에는 감정과 신호가 숨어 있다. 그렇다면 손톱 깨물기는 어떤 의미일까? 그리고 부모는 어떻게 반응해야 할까?

손톱 깨물기는 자신도 모르게 반복적으로 나타나는 습관성 행동이다. 이를 '신체 집중 습관 행동(body-focused repetitive behavior)'이라고도 한다. 이런 행동에는 몇 가지 공통적인 심리 배경이 있다.

1. 불안과 긴장 해소를 위한 자가 진정(self-soothing) 방식

아이가 불안하거나 스트레스를 받을 때 손톱을 깨무는 행동은 일종의 '긴장 해소 메커니즘'이 될 수 있다. 말로 표현하지 못하는 감정을, 몸을 통해 표현하는 것이다.

2. 지루함 또는 집중할 대상이 없을 때

손톱을 물기 시작하는 시점이 대부분 심심하거나 집중이 흐트러질 때라는 점에 주목할 필요가 있다. 자극이 부족한 상태에서 자기 자극을 위해 무의식적으로 손이 입으로 가는 경우다.

3. 자기 조절 능력의 미숙함

충동을 억제하는 능력이나 정서 조절력이 아직 발달하지 않은 경우, 스스로 마음을 다스리기 어려워 손톱 깨물기 같은 반복 행동으로 나타난다.

4. 완벽주의적 성향

아주 어린 나이에도 완벽함을 추구하거나 실수에 민감한 아이들이 자신도 모르게 긴장과 불안을 해소하려 손톱을 물기도 한다.

손톱 깨물기 행동을 줄이거나 없애기 위해서는 직접적인 제재나 야단보다는 아이의 감정과 맥락을 살피는 접근이 효과적이다.

첫째, 무조건 말리기보다는 맥락을 먼저 살핀다. 손톱을 깨무는 상황이 언제, 어떤 환경에서 자주 나타나는지를 살펴보자. 학교에서 돌아온 후? TV를 보면서? 잠자기 전? 특정 상황에서 불안하거나 긴장이 높아지는 타이밍일 수 있다.

둘째, 감정에 이름 붙여주기다. 아이가 말로 감정을 표현할 수 있도록 돕는 것이 중요하다. "혹시 오늘 기분이 좀 이상했니?" "뭔가 신경 쓰이는 일 있었어?"처럼 감정을 언어로 표현하면, 몸을 통해 표현해야 하는 필요성이 줄어든다.

셋째, 대체 행동 마련하기다. 손을 사용할 수 있는 다른 활동을 제공하자. 예를 들어, 작은 공이나 찰흙 만지기, 손바닥으로 숨 참기 놀이, 물 마시기 등이다. 이런 대체 행동은 손이 입으로 가는 루틴을 바꾸는 데 도움이 된다.

넷째, 비난이나 수치 주지 않기다. "너 또 물었어?" "그 버릇 정말 보기 싫어" 같은 말은 상황을 악화시킨다. 아이는 더 위축되고, 숨기거나 몰래 하게 된다. 정서적 안전감을 주는 것이 우선이다.

다섯째, 긍정적인 피드백 주기다. 손톱을 안 물고 있는 시간이 있었을 때는 칭찬과 격려를 아끼지 말자. "오! 오늘은 손이 입에 안 갔네? 멋지다." 긍정적 강화는 아이의 동기를 끌어올린다.

이런 상황에서 부모가 조심해야 할 것은 무엇보다도 비교하지 않기다. "네 친구는 안 그러는데 너만 그래." 이런 말은 자기효능감을 떨어뜨리고, 오히려 불안을 더 키운다. 또한 강압적인 제재는 오히려 증상을 악화시킬 수 있다. 쓴 약 바르기, 손 묶기, 혼내기 등은 효과가 없을 뿐 아니라 아이의 정서에 상처를 줄 수 있다. 그리고 무시하거나 방치하지 않아야 한다. 사소해 보이지만 반복적이고 습관화된 행동은 아이의 마음 상태를 보여주는 중요한 신호일 수 있다.

마무리하며 – 손톱 깨물기는 '작은 신호'이다.

손톱을 깨무는 행동은 보기엔 작고 사소하지만, 그 속엔 말로 다 하지 못한 마음의 신호가 숨어 있다. 불안, 긴장, 스트레스 혹은 그냥 지루함처럼, 겉으로는 구체적으로 드러나지 않는 감정들이 아이의 손끝을 통해 조용히 드러나는 거다. 말 대신 손으로, 감정 대신 몸으로 표현하고 있는 셈이다. 그 신호를 억누르기보다는 함께 들어주고 이해하려는 태도가 먼저다. 부모가 "왜 그러는 거야?" 대신 "무슨 마음이었을까?"라고 물어줄 때, 아이는 스스로 알지 못했던 감정의 이름을 찾고, 그 감정을 말로 표현하는 법을 조금씩 배워가게 된다.

손톱을 깨무는 행동 자체에만 집중하지 말라. 그 행동이 반복될 때, 아이가 처한 환경과 감정의 맥락을 함께 들여다보는 것이 먼저다. 무엇보다 중요한 것은 아이가 사랑받고 있다는 느낌이다. 있는 그대로의 모습이 받아들여지고, 자신의 불편한 감정도 부모 앞에서는 안전하게 드러낼 수 있다는 안정감. 이 감정이 아이를 조금씩 변화시켜 준다.

부모는 아이의 감정 번역가이자 마음의 통역사이다. 아이가 아직 언어로 충분히 감정을 표현하지 못할 때, 아이의 몸짓과 습관, 작은 신호들 속에서 '지금 아이가 어떤 마음일까'를 읽어주는 존재인 것이다. 그리고 그렇게 함께 걸어가는 여정 속에서 아이는 점점 더 건강한 방식으로 자기 감정을 다루는 힘을 키우게 된다.

손톱 깨물기가 멈추는 그날은 단지 습관 하나가 바뀐 날이 아니다. 아이가 내면의 불편한 감정을 새로운 방식으로 표현할 수 있게 된 날이자, 부모의 공감과 이해가 아이의 성장으로 이어진 소중한 순간이다. 그러니 조급해하지 말라. "오늘은 조금 덜 물었구나" 하는 그 작은 변화 하나가 사랑과 신뢰 위에서 시작된 의미 있는 첫걸음이다. 아이는 변화한다. 부모의 기다림 안에서, 따뜻한 시선 안에서 그리고 조건 없는 사랑 안에서 말이다.

✅ 체크리스트

최근 3~6개월 동안 아이의 행동을 기준으로 체크해 주세요

❖ 손톱 깨무는 행동 관련 문항

☐ 손톱을 깨무는 행동을 하루에 여러 번 반복한다.
☐ 특정 상황(예: 심심할 때, 혼날 때, TV 볼 때 등)에서 자동으로 손을 입으로 가져간다.
☐ 손톱을 물어뜯는 동안 멈추기 어렵거나 스스로 인지하지 못하는 경우가 많다.
☐ 손톱이 피가 나거나 짧게 잘려 손톱 모양이 망가질 정도로 물어뜯는다.
☐ 손톱뿐만 아니라 손가락 주변 살이나 큐티클까지 물어뜯는다.

❖ 정서적 상태 및 배경 관련 문항

☐ 아이가 평소 긴장, 불안, 걱정이 많은 편이다.
☐ 새로운 환경이나 사람을 만날 때 낯설어하거나 소극적이다.
☐ 집중할 때나 스트레스를 받을 때 손톱 깨물기가 나타난다.
☐ 평소에 짜증, 초조함, 안절부절못함의 표현이 잦다.
☐ 손톱을 깨물 때 말리면 화를 내거나 민감하게 반응한다.

❖ 가정환경 및 양육 방식 관련 문항

☐ 아이가 실수했을 때 비난, 지적, 혼내는 일이 자주 있다.
☐ 가족 중에도 손톱을 물어뜯는 비슷한 습관을 지닌 사람이 있다.

☐ 아이가 심심할 때 할 수 있는 놀이나 대체 행동이 부족하다.
☐ 부모가 아이의 불안을 자주 간과하거나 무시하는 편이다.
☐ 평소에 아이에게 높은 기대나 완벽함을 요구하는 경향이 있다.

📋 점검 결과 해석

0~4개: 습관적이거나 일시적인 행동일 수 있다. 대체 행동(예: 점토, 딱딱한 장난감, 손 마사지) 제공 등으로 완화 가능성이 높다.

5~9개: 정서적 불안이나 긴장 완화용 행동일 가능성이 있다. 아이의 스트레스나 감정을 점검하고, 손톱 깨물기를 대체할 수단을 마련해 주면 된다.

10개 이상: 반복적이고 강박적인 양상이며, 불안 장애나 강박 증상의 초기 징후일 수 있다. 소아정신과나 아동상담센터 전문가 상담이 권장된다.

💬 전문가 상담이 필요한 경우

① 손톱 물어뜯는 행동이 지속적이고 습관적으로 강하게 반복될 경우
② 손에 상처나 염증이 생기거나 통증이 있는데도 멈추지 못할 경우
③ 말리면 심한 저항, 분노 반응, 불안 반응을 보이는 경우
④ 아이가 스스로 통제하기 어렵다거나 멈추고 싶은데 못 멈춘다고 말할 경우
⑤ 손톱 깨물기 외에 눈 깜빡임, 손 비비기, 머리카락 만지기 등 다른 반복 행동이 동반되는 경우

'자꾸 성기를 만지는 아이' 다루는 법

— feat. 무조건 "만지지 마"라고 해서 해결될 문제는 아니다.

성기를 만지는 행동은 대부분의 아이에게서 한 번쯤 나타난다. 특히 2~6세 아이들에게서 흔하게 관찰되며, 이는 반드시 '성적인 문제'가 있다거나 이상행동이라는 의미는 아니다.

그렇다면 아이는 왜 성기를 만질까? 첫째, 감각 탐색의 일부인 경우다. 아이는 자기 몸을 하나하나 탐색하며, 각 부위가 주는 감각을 경험한다. 손가락이나 귀, 발가락처럼 성기도 신체 일부이며, 특히 감각이 예민한 부위이기에 손이 자주 가게 되는 것이다. 둘째, 쾌감 때문이다. 성기는 촉각 수용체가 집중된 부위라 만졌을 때 기분 좋은 감각을 느낄 수 있다. 다만 이 쾌감은 어른의 성적 쾌감과는 질적으로 다르며, 아직 성적 의미를 모르는 아이에게는 단순한 감각적 자극에 가깝다. 셋째, 심리적인 이유도 있다. 불안하거나 스트레스를 받을 때, 성기를 만지는 행동이 일종의 자기 위안 수단으로 작용할 수 있다. 혹은 심심하거나 지루할 때, 예를 들어 잠자리에 누워 있거나 낮잠 전후의 멍한 상태에서 무의식적으로 손이 가는 일도 있다.

넷째, 신체적 불편감 때문일 수도 있다. 피부 트러블, 가려움, 위생 문제 등으로 인해 해당 부위에 자극이 있으면 이런 행동으로 이어질 수 있다.

이처럼 다양한 원인이 있을 수 있음에도 많은 부모가 "더러운 거 만지지 마!" "창피하게 왜 그래?"라며 즉각적인 제지 반응을 보인다. 하지만 이러한 반응은 아이에게 자기 몸에 대한 수치심과 부정적 인식을 심어줄 수 있으며, 성에 대한 왜곡된 인식을 만들 위험도 있다. 또한 성적 농담이나 웃음거리로 삼는 것도 금물이다. 이는 아이에게 성에 대한 희화화된 메시지를 전달하게 되고, 무시하고 방치하는 경우는 습관화로 이어질 가능성이 크다.

그렇다면 어떻게 해야 할까?

첫째, 상황과 장소를 구분시켜 주어야 한다. "네 몸을 만지는 건 나쁜 게 아니야. 그런데 그런 건 혼자 있을 때 해야 해"처럼 공공장소와 개인적인 공간의 차이를 설명해 주는 것이 핵심이다. 둘째, 주의 전환과 대체 활동 제공이다. 반복적으로 손이 간다면 인형, 촉감책, 작은 공 등 손에 쥘 수 있는 감각 대체물을 제공하는 것도 효과적이다. 셋째, 피부 상태를 확인해야 한다. 기저귀 피부염, 잔여 소변, 알레르기성 피부 반응 등이 원인일 수 있기 때문이다. 필요 시 소아청소년과나 피부과 진료도 고려하도록. 넷째, 감정 없이, 차분하게 반응해야 한다. 놀라거나 화내지 않고 "그럴 수도 있어. 그런데 지금은 책 보자" 식으로 감정 없이 반응하는 게 중요하다.

부모가 기억해야 할 핵심은 다음과 같다.
① '이상하거나 나쁜 게 아니다'라는 인식의 프레임 유지
② 아이의 감각 탐색과 발달 과정으로 이해하며 자연스럽게 지도
③ 성에 대한 궁금증에는 나이에 맞게 정직하고 담백하게 설명해 주기
"네 몸은 소중하고, 너만의 것이야. 궁금한 게 있으면 엄마·아빠한테 얼마든지 물어봐도 돼." 이 한마디가 아이에게 건강한 성 인식의 기초를 만들어준다.

단, 아래와 같은 경우에는 전문가 상담을 고려할 필요가 있다.
① 과도하게 집착하거나 반복적으로 성기를 만질 때
② 주변 사람에게 노출하거나 성적인 농담을 할 때
③ 성기에 상처, 통증, 분비물이 보일 때
④ 전반적인 행동·정서에 이상 변화가 나타날 때

마무리하며 – 성교육은 금지가 아니라 존중에서 시작된다.
아이들이 성기를 만지는 행동은 어른의 시선으로는 놀랍고 걱정스러울 수 있다. 하지만 대부분은 지극히 자연스러운 성장의 일부이며, 신체와 감각을 알아가는 과정이다. 중요한 것은 그 행동 자체가 아니라 그에 대한 부모의 반응이다. "무조건 안 돼"라고 단속하기보다는 왜 그런 행동을 하는지, 어떤 감각을 느끼는지 잘 살펴보고, 언제 어디에서 그런 행동이 적절한지를 알려주고, 아이 스스로 자기 몸을 존중하고 성을 건강하게 받아들이도록 돕는 일, 그것이 진정한 의미의 성교육이다.

자기 몸을 부끄러움 없이 사랑할 줄 아는 아이, 성에 대해 왜곡 없이 솔직하게 이해하는 아이로 자라게 하려면 먼저 부모가 준비되어야 한다. 그렇게 아이는 건강한 몸의 주인 그리고 존중의 가치를 아는 어른으로 성장하게 될 것이다. 그것이 바로 부모가 줄 수 있는, 가장 깊고 단단한 사랑의 표현이다.

✅ 체크리스트

최근 3개월간 자녀의 행동을 기준으로 해당 항목에 체크해 주세요.

❖ 행동 빈도 및 상황
- ☐ 아이가 혼자 있을 때 자주 성기를 만진다.
- ☐ 공공장소나 다른 사람 앞에서도 성기를 만지는 행동을 한다.
- ☐ 아이가 잠들기 전이나 지루할 때 반복적으로 성기를 만진다.
- ☐ 반복적으로 성기를 문지르거나 자극을 주는 방식의 행동을 한다.
- ☐ 이러한 행동을 멈추기 어렵고 오래 지속된다.

❖ 정서 · 인지적 반응
- ☐ 행동을 지적하면 부끄러워하거나 피하거나 화를 낸다.
- ☐ 아이가 성기에 대해 집착하거나 반복적으로 질문한다.
- ☐ 평소에도 불안감, 초조함, 분리불안이 있다.
- ☐ 아이가 지나치게 성적인 단어나 행동을 흉내 내는 경향이 있다.
- ☐ 감정 조절이 어려운 상황에서 '자위 행동'처럼 사용한다.

❖ 가정 및 환경 요인
- ☐ TV나 유튜브 콘텐츠에 부적절한 성적 장면이 포함되어 있다.
- ☐ 아이가 성폭력 등 외부 자극에 노출된 경험이 있을 수 있다.
- ☐ 성에 대한 이야기를 터부시하거나 부정적으로만 교육하고 있다.
- ☐ 부모가 아이의 행동을 일관되지 않게 훈육하거나 혼내기만 한다.
- ☐ 가족 간 스킨십의 경계나 몸의 경계에 대한 교육이 부족하다.

📋 점검 결과 해석

0~4개: 정상적인 성 인식 발달의 일부일 가능성이 높다. 이 시기의 유아는 신체 탐색을 통해 자신을 알아가며, 자연스럽게 경계와 사생활에 대해 배워야 한다. 명확하고 부드러운 설명을 통해 "사적인 행동은 혼자 있을 때만 가능하다"라는 사회적 규범 교육이 필요하다.

5~9개: 정서적 불안, 환경적 자극, 부모 반응 방식이 원인일 수 있다. 단순 호기심을 넘어서 정서적 대체 행동일 가능성이 있으므로 감정 조절법이나 주의 전환 기법이 필요하다. 부모는 아이의 신체 표현을 수치화하거나 과도하게 제지하지 말고 일관된 설명과 경계 설정을 해야 한다.

10개 이상: 심리적 불안, 환경적 문제, 성적 노출 가능성 등 심층 평가가 필요한 상태이다. 아래 항목에 해당하면 즉시 전문가 상담 또는 아동 성심리 전문가의 평가가 필요하다.

💬 전문가 상담이 필요한 경우

① 아이가 공공장소에서도 반복적으로 성기를 만지고 통제하기 어려울 때,
② 성적 언어, 행동, 성인 흉내 내기 등이 자주 관찰될 때
③ 부끄러움, 불안, 강박 반응을 보이며 집착적으로 행동하는 경우
④ 성기를 만지는 행동을 자기 위안, 분노 표현, 수면 조절 수단으로 사용하는 경우
⑤ 아이가 성적인 학대나 부적절한 터치, 영상 노출 경험을 언급하거나 암시할 때

'자꾸 눈을 깜박거리는 아이' 다루는 법

— feat. '틱(tic) 증상', 그냥 놔두어도 괜찮을까요?

"아이가 요즘 자꾸 눈을 깜박여요." "눈이 아픈 건가 싶어 안과도 갔는데, 이상 없대요." 이런 이야기를 하는 부모가 종종 있다. 그럴 때는 아이의 '틱(tic) 증상'을 의심해 볼 수 있다. 하지만 많은 부모가 "그냥 두면 괜찮아져" 혹은 "신경 쓰지 않으면 자연히 없어진다니까"라면서 믿어 넘기곤 한다. 그런데 정말 괜찮을까?

'틱'은 갑작스럽고 반복적인 움직임이나 소리를 말한다. 아이의 의지와 무관하게, 무의식적으로 나타난다. 운동 틱(motor tic)과 음성 틱(vocal tic)으로 나뉘며, 주로 다음과 같은 증상이 보인다.

① 운동 틱: 눈 깜박임, 얼굴 찡그리기, 머리 흔들기, 어깨 들썩임 등
② 음성 틱: 헛기침, 킁킁거리기, 이상한 소리내기, 말의 반복 등

많은 경우 6~8세 무렵에 처음 나타나며, 긴장하거나 스트레스를 받을 때 증상이 더 심해지는 경향이 있다.
틱은 하나의 단일 원인에서 비롯되기보다는 다양한 요인들이 복합

적으로 작용하는 결과이다.
① 신경학적 요인: 도파민 등 신경전달물질의 불균형
② 심리적 요인: 불안, 스트레스, 긴장
③ 환경적 요인: 부모의 양육 태도, 학교생활의 긴장 등
④ 유전적 요인: 가족 중 틱이나 강박 증상이 있는 경우

중요한 점은 아이 스스로 왜 그런 행동을 하는지 모른다는 점이다. 의식적인 행동이 아니라 무의식적으로 튀어나오는 신체의 반응이다. 틱은 어떤 아이에게나 일시적으로 나타날 수 있다. 하지만 이 증상이 1개월 이상 지속되거나 일상생활에 지장을 줄 정도라면, 가볍게 넘겨선 안 된다.

아래와 같은 경우는 관찰이 필요하다.
① 눈을 깜빡이는 행동이 매일, 반복적으로 나타난다.
② 아이가 스스로 그만두고 싶어 하지만 못 그친다.
③ 친구들이 이상하다고 반응하거나 놀리는 상황이 생긴다.
④ 틱 외에도 불안, 불면, 강박 행동이 함께 나타난다.

틱 증상을 다룰 때 가장 중요한 건 '반응하지 않기'다. 무심한 듯, 그러나 따뜻하게 받아들이는 태도가 필요하다. "그만해!" "또 왜 그러니?" "사람들이 이상하게 보잖아" 같은 말은 아이에게 더 큰 불안감을 주고, 틱을 숨기게 만들거나 악화시킬 수 있다. 아이의 증상이 눈에 띄더라도 (일단은) 무반응으로 일관하거나 "괜찮아, 그럴 수도 있

어"라고 자연스럽게 넘겨주는 것이 좋다.

틱은 대부분 수개월 안에 자연스럽게 사라지기도 하지만 그렇지 않고 지속될 때는 전문적인 도움이 필요하다.

치료를 고려해야 할 기준은 다음과 같다.
① 증상이 1년 이상 지속된다.
② 틱이 학교생활이나 사회생활에 영향을 미친다.
③ 틱과 함께 불안, 우울, 강박 증상이 보인다.
④ 아이의 자존감이 급격히 낮아지고 있다.

틱은 조기에 잘 개입하면 충분히 좋아질 수 있는 증상이다.
① 약물 치료: 필요할 경우 소량의 신경안정제를 사용할 수 있음
② 행동 치료: 습관 역전 훈련(HRT)[6], 이완훈련, 인지행동치료 등
③ 가족 상담: 부모의 반응, 양육 방식 점검도 매우 중요

또한, 틱이 단순 증상에서 강박장애, 불안장애로 발전하는 예도 있으므로 초기에 적절한 개입이 아이의 향후 발달에 매우 긍정적인 영향을 준다.

---

6) 습관 역전 훈련은 틱에 연관되지 않은 근육에 긴장을 가하여 틱 유발 근육과 경쟁하도록 유도함으로써 증상을 줄이는 요법이다.

마무리하며 – 눈에 띄는 행동 뒤에 숨어 있는 '도움 요청의 신호'

부모에게 아이의 틱 증상은 당황스럽고, 때로는 무력감을 안겨준다. '혹시 내가 뭘 잘못하고 있는 걸까?' 이런 질문으로 자신을 자책하는 부모도 많다. 하지만 잊지 말아야 한다. 틱은 아이가 자신도 설명할 수 없는 불편함이나 긴장을 표현하는 방식일 수 있다. 즉, 아이는 말 대신 몸으로 "지금 나 힘들어요"라고 표현하고 있는 것일지도 모른다. 틱은 단순한 습관이 아니다. 또한 부모가 '고치려고 애쓰는 것'이 능사가 아니다. 중요한 건 아이의 마음 상태를 함께 들여다보고, 필요한 경우에는 전문적인 도움을 주저 없이 받는 용기다. 아이의 행동을 있는 그대로 바라보자. 고치려고만 하지 말고, 이해하려 노력해 보자. 그만두게 하려고 조급해하지 말고, 아이의 속도에 맞춰주자.

부모가 줄 수 있는 최고의 선물은 '불안 없는 일상'이다. 틱을 겪는 아이에게 가장 필요한 것은 안심하고 기대 쉴 수 있는 안정된 환경이다. 즉, 아이가 '내가 어떤 모습을 보여도 부모는 나를 믿고 기다려준다'라는 기본 신뢰감을 느끼게 하는 것이 무엇보다 중요하다. 그 신뢰감은 '부모의 반응 없는 따뜻한 시선', '아이를 있는 그대로 수용해 주는 태도', '필요할 때는 함께 도움을 구할 수 있는 용기'에서 시작된다.

아이는 자신의 속도로 성장한다. 잠시 멈추거나, 다른 방식으로 표현하더라도 그 속에는 저마다의 이유와 시간이 있다. 틱도 마찬가지다. 부모의 다정한 기다림과 지지 속에서 그 불안은 조금씩 가라앉고, 결국 아이는 자기만의 리듬을 되찾게 될 것이다.

✅ 체크리스트

1~3개월 동안 아이의 행동을 떠올리며 체크해 주세요.

❖ 눈 깜박임의 빈도와 특징

☐ 하루 중 수시로 눈을 빠르게 깜박인다.
☐ 눈을 깜박일 때 눈을 세게 감거나 찡그리듯 감는다.
☐ TV를 보거나 집중할 때 더 자주 깜박이는 편이다.
☐ 긴장하거나 불안할 때 눈 깜박임이 심해진다.
☐ 특정 상황(사람 앞, 발표 전후 등)에서 더 많이 나타난다.

❖ 눈 건강 관련 증상

☐ 눈의 이물감, 가려움, 뻑뻑함 등을 자주 호소한다.
☐ 눈을 자주 비비거나 문지른다.
☐ 건조하거나 밝은 환경에서 눈을 더 깜박인다.
☐ 안경이 필요한데 쓰지 않거나 시력 이상을 무시한 적이 있다.
☐ 결막염, 다래끼 등 눈 질환 병력이 최근 3개월 내 있었다.

❖ 정서·신체적 특성 및 틱 관련 요소

☐ 손톱을 물어뜯거나 목을 들썩이는 등 다른 반복 행동도 있다.
☐ 불안하거나 낯선 상황에서 말을 더듬거나 손을 떠는 등 긴장 증상을 보인다.
☐ 피곤하거나 스트레스를 많이 받은 날 눈 깜박임이 심해진다.
☐ 부모가 "왜 자꾸 눈 깜박이니?"라고 지적한 적이 있다.

☐ 눈 깜박임을 아이 스스로 조절하기 어렵다고 말한 적이 있다.

📋 점검 결과 해석

0~4개: 일시적인 눈 피로, 습관일 수 있다. 눈 건강 확인, 충분한 휴식을 주며 지켜보면 된다.

5~9개: 눈 건강 문제 또는 정서적 긴장 반응일 가능성이 있다. 소아안과 검사 후 정서·생활 환경 조정이 필요할 수 있다.

10개 이상: 틱장애(tic disorder) 또는 불안장애의 표현일 가능성이 있다. 소아정신과 또는 소아 심리 전문가의 평가가 권장된다.

💬 전문가 상담이 필요한 경우

① 눈 깜박임 외에 얼굴 찡그림, 어깨 들썩임 등 복합적 틱이 동반될 경우

② 아이가 피곤하거나 불안할 때마다 증상이 심해지고, 4주 이상 지속될 경우

③ 아이도 문제를 인식하고 있지만 통제하기 어려워할 경우

④ 아이의 눈 깜박임으로 사회적 관계나 학습에 지장이 있는 경우

Chapter 4.

말과 학습이 늦은 아이
– 성장을 도와주기

부모의 따뜻한 말 한마디,
따스한 눈빛 하나가 아이에게는 무엇보다 큰 언어 자극이 된다.
아이의 말을 기다리는 이 시간,
사실은 아이가 부모의 사랑을 더 깊이 받아들이는
시간일지도 모른다.

'말이 늦은 아이' 다루는 법

– feat. 도대체 얼마만큼 늦어도 괜찮은가?

부모로서 아이의 첫 말, 첫 문장을 듣는 순간은 참으로 감동적이다. 그런데 또래 아이들은 재잘재잘 말을 잘하는데 우리 아이는 아직도 '엄마, 물' 같은 단어밖에 못 한다면…. 마음 한쪽이 무겁고 불안해지기 마련이다. '혹시 우리 아이, 언어 발달이 늦은 건 아닐까?' '치료가 필요한 걸까?' 이런 불안 속에서 중요한 건 올바른 정보와 적절한 대처다. 그럼 '말이 늦은 아이'를 어떻게 바라보고, 어떻게 도와줄 수 있을지 하나씩 살펴보자.

아이마다 발달 속도는 다르지만, 일반적으로 참고할 수 있는 언어 발달의 기준은 다음과 같다.

① 12개월: 한 단어를 말한다. (예: 엄마, 까까, 멍멍)
② 18개월: 두 단어를 연결한다. (예: 엄마 까까, 가자 물)
③ 24개월: 세 단어 정도의 간단한 문장을 구사한다. (예: 엄마 책 줘)

만약 기준보다 6개월 이내 지연된 상태라면 개인차의 범주 안에 있을 수 있다. 하지만 6개월 이상 지연되었다면 전문적인 언어 평가나 진단이 권장된다.

말이 늦다고 해서 곧장 병리적인 문제를 의심할 필요는 없다. 다만 다양한 원인이 있을 수 있기에, 아이의 전체 발달 맥락을 함께 보아야 한다.

① 인지 발달 지연: 언어는 인지와 밀접한 관련이 있다.
② 청각 문제: 중이염, 난청 등이 있을 때 말이 늦을 수 있다.
③ 사회적 자극 부족: 부모와의 상호작용이 적거나 지나치게 미디어에 노출된 환경
④ 성향(기질)적인 요인: 조용하고 내성적인 아이일 경우 말이 늦어질 수 있다.
⑤ 형제 구조: 형이나 누나가 너무 많이 대신 말해 주는 경우, 굳이 말하지 않아도 되는 상황이 되기도 한다.

이럴 때 부모가 취해야 할 태도는 기다리되, 관찰하고 반응하는 것이다.

첫째, 불안해하지 말고 관찰을 시작하라. "아직 애가 말할 생각이 없나 봐요"라며 그냥 넘어가지 말고 현재 아이가 어떤 언어 자극을 받고 있고, 어떤 반응을 보이는지 관찰하는 게 우선이다. 둘째, 말 대신 행동으로 다 알려주지 마라. 아이가 손가락으로 가리키기만 해도 바로 물건을 주는 부모의 습관은 언어 발화를 늦출 수 있다. "이게 뭐야? '물 주세요' 하고 말해볼래?"처럼 유도하는 질문을 자주 하

도록. 셋째, 꾸준한 대화가 중요하다. '아직 말을 못 하니까 말 걸어 봤자…' 해서는 안 된다. 아이는 듣는 말 속에서 언어를 익힌다. 책을 읽어주고, 일상에서 상황 설명을 자주 해주는 게 도움이 된다. 예를 들어, "지금 엄마가 물을 끓이고 있어. 뜨거우니까 만지면 안 돼"처럼 하는 거다. 넷째, 비교 대신 격려로 반응하라. 또래 아이들과 비교하며 "왜 넌 아직도 못 해?"라고 다그치면 아이는 언어에 대해 더 위축될 수 있다. 오히려 "이렇게 말해줘서 고마워" "정말 잘했어!" 같은 격려가 발화 동기를 자극한다.

검사를 받는 시기도 중요하다. 아래와 같은 경우 전문적인 진단과 평가가 필요하다.
① 24개월이 지났는데 단어 수가 50개 미만이고, 두 단어 이상을 연결하지 못한다.
② 또래와 비교하면 소리 모방이 거의 없다.
③ 지속적으로 말을 이해하지 못하거나 반응이 둔하다.
④ 중이염 등 청각 문제의 병력이 잦다.
⑤ 말이 늦는 것 외에도 눈맞춤 회피, 사회적 상호작용의 어려움이 보인다.

'언어 발달 평가'는 소아청소년과, 발달클리닉, 언어치료센터 등에서 가능하며, 언어치료는 개입 시점이 빠를수록 효과가 좋다.

아이들과의 기본적인 대화 태도와 놀이법은 아래와 같다.
① 말을 끝까지 들어주기: 아이가 말하려는 시도를 끝까지 기다려 주기.
② 말을 반복해서 들려주기: "물" → "물 주세요" → "엄마 물 주세요"처럼 반복적으로 확장해서 들려주기.
③ 언어를 유도하는 놀이 활용: 그림책 보기, 인형극, 병원놀이 등의 역할놀이, 리듬 따라 노래하기 등.

마무리하며 – 언어는 '성장'이고, 기다림에는 '온기'가 필요하다.

말이 늦은 아이를 둔 부모는 매일이 조심스럽고, 때로는 마음이 무겁다. 또래 아이들의 또랑또랑한 말소리를 들을 때마다 '우리 아이는 왜 아직…' 하고 자신을 탓하거나 아이를 다그치게 될 때도 있다. 그러나 언어는 단순히 말을 잘하고 못하는 문제가 아니다. 언어는 아이가 세상을 배우고, 자신을 표현하며, 사람과 관계를 맺는 성장의 한 과정이다. 이 성장은 빠르게 나타나기도 하고, 아주 서서히 피어나는 꽃처럼 조용히, 하지만 깊고 단단하게 진행되기도 한다.

아이가 말을 더디게 시작하고 있다면, 그건 우리 아이만의 성장 리듬을 타고 있는 것일 수 있다. 중요한 건 무조건적인 기다림이 아니라 관심과 애정을 담은 '깨어 있는 기다림'이다. 아이가 보여주는 작은 신호 하나하나에 귀를 기울이고, 말 대신 눈빛과 몸짓으로 표현하는 언어에 따뜻하게 반응해 주어라. 그리고 무엇보다 아이를 있는 그대로 믿어주어야 한다. 말이 느리다고 해서 아이가 부족한 것이 아니라, 다른 방식으로 충분히 성장하는 중이니까.

말을 배우는 이 시기는 어쩌면 부모가 아이에게 가장 가까이 다가갈 수 있는 시간이다. 눈을 마주치고, 이름을 불러주고, 책을 함께 읽으며 서로의 마음을 나눌 수 있는 이 시간이 쌓이면, 어느 날 아이는 엄마 아빠의 언어, 마음, 사랑을 모두 흡수한 듯 '자기만의 말'을 세상에 꺼내기 시작할 거다.

아이가 말을 늦게 시작했다는 이유로 아이의 성장을 조급하게 판단하지 말고, 지금 이 순간이야말로 아이의 '마음'을 가장 가까이에서 느끼는 기회임을 기억하라. 부모의 따뜻한 말 한마디, 따스한 눈빛 하나가 아이에게는 무엇보다 큰 언어 자극이 된다. 아이의 말을 기다리는 이 시간, 사실은 아이가 부모의 사랑을 더 깊이 받아들이는 시간일지도 모른다. 그 기다림 속에서, 아이는 자신만의 언어로 세상과 인사를 건넬 날을 준비하고 있을 거다.

✅ 체크리스트

최근 6개월을 기준으로 아이의 언어 발달 행동을 체크해 주세요.
※ 아이의 실제 연령과 언어 발달단계가 맞는지를 중심으로 판단해 주세요.

❖ **언어 표현 능력**

☐ 24개월이 넘었는데도 단어 수가 50개 이하이거나 의미 있는 단어를 거의 사용하지 않는다.
☐ 30개월이 넘었는데도 두 단어 이상을 연결한 문장을 거의 사용하지 않는다.
☐ 말 대신 손짓, 끌고 가기, 소리 지르기 등으로 요구를 표현하는 경우가 많다.
☐ '엄마', '물', '더 줘' 등 반복적인 단어만 주로 사용하며 어휘 폭이 넓어지지 않는다.
☐ 말할 때 발음이 너무 부정확하거나 말을 끝까지 하지 못한다.

❖ **언어 이해 및 반응 능력**

☐ "이리 와" "책 줘"와 같은 간단한 지시를 잘 이해하지 못하거나 반응이 없다.
☐ 자신의 이름을 불러도 잘 반응하지 않는다.
☐ 상황에 맞는 단어를 사용하지 못하거나 이해하지 못하는 경우가 많다.
☐ 다른 사람이 말할 때 집중하지 않거나 듣는 데 흥미가 없어 보인다.

☐ 노래, 동화, 말놀이 등에 반응이 약하거나 관심이 없다.

❖ 상호작용 및 소통 의도
☐ 또래 아이들과 비교해 말이 현저히 적고, 의사소통 시도가 적다.
☐ 자기 생각이나 감정을 말로 표현하지 않고 울거나 떼를 쓴다.
☐ 모방 말(엄마가 한 말을 따라 하기)이 거의 없거나 매우 늦다.
☐ 부모가 말을 걸어도 눈을 맞추지 않거나 관심을 잘 보이지 않는다.
☐ 자신이 말하는 것을 부모가 알아채지 못하면 쉽게 포기한다.

점검 결과 해석

0~4개: 말은 조금 느릴 수 있으나 기본적인 언어 발달 흐름은 유지되는 상태다. 아이의 말에 적극적으로 반응하고 말놀이, 책 읽기 등을 통해 자극을 주면 된다. 일상 속 언어 자극 환경을 점검해 보라.

5~9개: 언어 발달에 지연 가능성이 있으므로 주의 깊은 관찰과 자극 강화가 필요하다. 언어 자극 활동을 집중적으로 제공하고, 언어 발달 검진(소아과/보건소 등)을 권장한다.

10개 이상: 언어 발달 지연 또는 언어 장애 가능성이 있으며, 언어치료 전문가의 평가 및 조기 중재가 필요하다. 청각, 사회성, 인지 등 발달 전반 점검도 함께 이뤄지는 것이 좋다.

전문가 상담이 필요한 경우

① 24개월이 지나도록 말이 거의 없거나 단어가 10개 이하인 경우
② 또래보다 말이 현저히 느리며, 이해력이나 반응도 낮은 경우

③ 말 이외의 소통 시도(몸짓, 눈 맞춤 등)도 거의 없는 경우
④ 청각 문제나 자폐 스펙트럼, 지적 발달 지연 등 우려되는 징후가 동반될 경우

'대소변 가리기가 늦은 아이'
다루는 법

— feat. 먼저 기질적인 원인부터 파악하라.

아이를 키우다 보면 누구나 한 번쯤 부딪히는 문제, 바로 '대소변 가리기'다. 또래 친구들은 기저귀를 떼고 유치원도 잘 다니는데, 내 아이는 아직도 기저귀를 차고 있거나 갑자기 실수를 반복한다면 부모는 속이 타들어 간다. '우리 아이만 너무 느린 건 아닐까?' '혹시 문제가 있는 건 아닐까?' 하는 걱정을 하기 마련이다. 하지만 대소변 가리기도 언어, 정서와 마찬가지로 '발달의 한 과정'일 뿐이다. 조급함보다는 아이의 속도에 맞춰 원인과 방향을 잘 파악하는 것이 중요하다.

대소변 가리기는 일반적으로 18개월~30개월 사이에 훈련을 시작할 수 있으며, 만 3세 전후까지는 대부분 아이가 낮 동안 대소변을 가릴 수 있게 된다. 밤중 대소변 조절은 낮보다 늦게 발달하며, 일부 아이들은 5세 이후까지도 야뇨(밤에 오줌싸기)를 경험한다.

아이가 만 4세가 지나도록 낮에도 자주 실수를 하거나 만 5세 이후에도 야뇨가 지속된다면, 혹은 실수가 너무 빈번하고 일상생활에 영향을 미친다면 전문적인 점검이 필요하다.

대소변 가리기의 속도는 아이의 신체적 성숙, 정서 상태, 환경 요인, 기질과 매우 밀접한 관련이 있다.

먼저, 기질적인 요인이다. 조심성이 많거나 변화에 민감한 아이는 훈련 자체를 꺼릴 수 있다. 반면 산만하거나 충동성이 강한 아이는 신호를 인식하지 못해 실수하기 쉽다. 다음은 신체적 발달 차이다. 방광이나 항문의 조절 기능이 늦게 성숙할 수 있으며, 특히 야간 요 조절 능력은 낮보다 훨씬 늦게 형성된다. 야뇨증의 경우엔 수면 중 방광이 꽉 찼다는 신호를 뇌가 잘 인식하지 못하는 경우가 많다. 이는 훈련 부족보다는 신경계의 미성숙 때문인 경우가 대부분이다. 정서적 원인일 수도 있다. 이사, 동생 출산, 유치원 적응 실패, 부모와의 갈등 등은 아이에게 스트레스를 주고, 대소변 실수나 퇴행으로 이어질 수 있다. 또한 잘못된 훈련 방식도 한몫한다. 조급하게 몰아붙이거나 실수를 부끄럽게 만드는 방식은 아이에게 배변 자체에 대한 두려움을 심어줄 수 있다.

배변 훈련 방법: 조급함 대신 일관성과 격려

1. 훈련을 시작하기 전에 '체크'할 것
① 아이가 앉은 자세를 안정적으로 유지할 수 있는가?
② 기저귀가 젖은 걸 인식하고 표현하는가?
③ 변기나 화장실에 관심을 보이는가?
이러한 신호가 보인다면 훈련을 시작할 준비가 된 것이다.

2. 훈련 원칙

① 루틴 만들기: 식사 후, 잠자기 전 등 일정 시간에 변기에 앉도록 습관화한다.
② 실수에 대한 반응은 부드럽게: "괜찮아, 다음엔 화장실 가보자" 정도로 반응하면 아이를 위축시키지 않는다.
③ 성공을 크게 칭찬하기: 작은 성공이라도 구체적으로 칭찬하라.
④ 놀이처럼 훈련하기: 변기 꾸미기, 인형과 함께 화장실 놀이 등을 통해 거부감을 줄일 수 있다.

3. 야뇨 예방을 위한 습관

① 잠자기 2시간 전에는 수분 섭취를 줄이고,
② 자기 전에는 꼭 화장실에 다녀오게 하며,
③ 실내등은 살짝 켜두고, 화장실 가는 동선을 편하게 마련해 주어라.

부모가 피해야 할 태도는 크게 세 가지다. 첫째, 비교 금지다. "누구는 벌써 혼자서 잘 가리는데 넌 왜…"라는 말은 자존감을 떨어뜨릴 뿐이다. 둘째, 부끄러움 주지 않기다. 실수했다고 놀리거나 화를 내면 배변 자체에 대한 두려움이 생긴다. 셋째, 강요하지 않기다. 오랫동안 억지로 변기에 앉히는 것은 스트레스만 가중한다.

특히, 야뇨는 훈련 부족의 문제가 아님을 인식해야 한다. 야뇨는 아이의 의지나 성격과 관련된 것이 아니다. 신경계의 미성숙, 깊은 수면, 유전적 영향 등 다양한 원인이 복합적으로 작용하는 '발달 지연'에 가깝다. 따라서 부모는 먼저 아이가 준비될 때까지 기다리는 인내심이 필요하다. 훈련의 속도는 아이마다 다르다. 먼저 성공한 또래 친구를 보며 조급해하지 마라. 둘째, 예측할 수 있는 구조 만들기다. 일정한 시간에 변기를 이용하면 아이는 스스로 통제하는 능력을 키워간다. 셋째, 정서적 신호 놓치지 않기다. 이미 잘 가리던 아이가 다시 실수를 한다면 정서적 변화나 스트레스를 체크해 보라. 더불어 야뇨증은 '질병'이 아니라 '과정'임을 인식하기다. 다만 5세 이후까지도 계속 야뇨가 지속된다면 소아청소년과나 발달 전문가와 상담해 보는 것도 좋다. 필요 시 간단한 행동 요법이나 약물 치료를 병행할 수도 있지만, 대부분은 시간과 성장으로 해결된다.

마무리하며 – 대소변 가리기도 또 하나의 성장 이야기다.

아이에게 대소변 가리기는 단순한 생활 습관이 아니라 신체 통제력, 정서 조절력, 독립성을 키워가는 중요한 성장 여정이다. 부모의 마음이 조급해질수록 아이는 더 긴장하고 실수를 반복할 가능성이 커진다. 특히 야뇨증은 아이 탓도, 부모 탓도 아니다. 조금 느릴 뿐, 대부분 자연스럽게 사라지는 성장의 일부이다. 중요한 것은 아이가 위축되지 않고 자신의 리듬을 지켜갈 수 있도록 안정감 있는 환경과 지지를 주는 것이다.

"괜찮아, 누구나 실수할 수 있어." "다음엔 더 잘할 수 있을 거야. 엄마가 도와줄게." 이런 말 한마디가 아이에게는 부끄러움이 아닌 자신감으로 남는다. 대소변 가리기는 기술이 아니라 관계의 훈련이다. 기저귀를 떼는 것이 아니라 아이 마음의 짐을 먼저 덜어주는 것. 그게 진짜 부모의 역할이 아닐까?

✓ 체크리스트

최근 1~3개월간 아이의 행동을 중심으로 답해 주세요.

❖ **발달 연령 및 준비 신호**

☐ 아이가 만 3세를 넘었는데도 스스로 대소변을 가리지 못한다.
☐ 기저귀 없이 생활하는 시간이 거의 없고, 불안해하거나 거부한다.
☐ 대소변 후 아이가 불쾌감을 거의 표현하지 않거나, 신경 쓰지 않는다.
☐ 소변이 마려운 느낌이나 대변 신호를 인식하지 못한다.
☐ "쉬 마려워요" "응가할래요" 같은 표현을 거의 하지 않는다.

❖ **훈련 진행 상태 및 행동 반응**

☐ 변기나 유아용 화장실 사용을 완강히 거부하거나 무서워한다.
☐ 배변 훈련을 하면 울거나 짜증을 내고 저항이 심하다.
☐ 성공한 경험보다 실수하는 횟수가 많고 반복된다.
☐ 대소변을 보는 자리를 숨기거나 몰래 하려는 경향이 있다.
☐ 실수 후에도 별다른 부끄러움이나 인식이 없어 보인다.

❖ **정서적/심리적 신호**

☐ 배변을 시도하면 심하게 울거나 공포 반응을 보인다.
☐ 대소변을 일부러 참거나 억제하는 행동이 관찰된다.
☐ 배변 문제로 인해 자존감이 낮아 보이거나 위축되는 모습이 있다.
☐ 또래 아이들과의 비교로 인해 부모가 과도한 스트레스를 보인다.

☐ 스트레스 상황(동생 출산, 이사, 유치원 등) 이후 배변 문제가 나타났다.

📋 점검 결과 해석

0~4개: 다소 느릴 수 있으나 자연 발달 범위 내이다. 부드럽고 일관된 배변 훈련을 지속하며 기다리면 된다. 비교보다 아이가 준비된 신호를 중심으로 반응해 주어라.

5~9개: 배변 훈련에 정서적 저항이나 발달 지연이 있을 수 있다. 아이의 심리 상태를 점검하며 부드러운 접근과 훈련 방식 점검이 필요하다. 소아청소년과 또는 유아 발달 전문가와 상담을 고려해 보라.

10개 이상: 정서적 요인, 발달 지연 또는 의학적 문제 가능성이 있다. 소아청소년과 · 아동심리 전문가의 평가를 권장한다. 때에 따라 배변장애, 불안장애, 배변 공포 등에 대한 조기 개입이 필요하다.

💬 전문가 상담이 필요한 경우

① 만 4세가 넘도록 기저귀를 벗지 못하거나 전혀 가리지 못하는 경우
② 변기 자체에 대한 극심한 거부감이나 공포 반응이 있는 경우
③ 배변을 일부러 참으며 복통이나 변비, 소변 트러블을 겪는 경우
④ 유치원, 외부 활동에서 대소변 실수로 사회적 어려움을 겪는 경우
⑤ 실수에 대해 지나친 죄책감, 수치심, 불안 반응을 보이는 경우

'책을 싫어하는 아이' 다루는 법

— feat. 독서는 놀이여야 한다.

아이들은 책을 글자로 먼저 만나지 않는다. 그들에게 책은 엄마의 목소리, 따뜻한 눈빛, 함께하는 시간으로 다가온다. 글자보다 먼저 책을 통해 '사랑받는 경험'을 했던 아이는 자라서도 책을 편안한 공간처럼 느끼게 된다. 반면 책이 '공부'나 '의무'로 주어진 순간, 책은 부담이 되고 멀어지게 된다. 결국 책을 좋아하느냐 싫어하느냐는 책 자체의 문제가 아니라 관계와 방식의 문제일 수 있다.

책 읽기는 글보다 목소리로 시작된다. 신생아 시기의 아기조차도 부모의 목소리, 억양, 리듬에 반응한다. 글을 이해하지 못해도 책을 읽어주는 목소리는 아이에게 안정감을 주고, 애착을 형성한다.

처음엔 아이를 품에 안고 읽어주라. 갓난아기나 유아기 초반 아이들은 부모 얼굴을 보며 소리와 표정을 통해 책을 경험한다. 아직은 글이 아니라 정서적 유대감이 핵심이다. 짧은 동시나 노래, 소리 나는 책 등 감각적인 책이 좋다.

아이가 혼자 앉을 수 있을 때쯤(12개월 전후), 무릎에 앉혀서 책을 함께 넘기며 읽어보라. 아이의 손이 책장을 넘길 수 있게 해주고, 그림을 가리키며 "이건 뭐지?" 하고 함께 반응하라. 책을 보는 행위 자체가 '스킨십'과 연결될 때, 아이는 책을 '즐거운 시간'으로 인식한다. 책을 좋아하는 아이들의 공통점은 책을 가지고 '노는' 경험이 많다는 점이다. 책을 장난감처럼 가지고 놀면서 그 안의 이야기나 세계에 빠져드는 거다. 좀 더 구체적으로 책을 다양한 방식으로 놀이화해 보라.

① 그림책 속 동작 따라 하기: 동물 흉내 내기, 표정 따라 하기 등
② 소리 내며 읽기: 캐릭터 목소리를 다르게 흉내 내며 읽기
③ 인형이나 소품 활용하기: 인형극처럼 책을 재현해 보거나 인형과 함께 책을 읽는 설정
④ 책 속 장면 그리기/꾸미기: 책 속 장면을 색칠하거나 나만의 이야기로 바꾸기

이때 주의할 점은 책을 너무 '지시적'으로 읽지 말아야 한다는 거다. "이건 뭐야?" "이건 몇 개지?" 등 퀴즈처럼 몰아붙이면 아이는 책을 '시험장'처럼 느낄 수 있다.

나이별로 책과 친해지는 방법

연령	책 선택 & 읽는 방법	포인트
0~12개월	감각책(천·소리책), 말놀이책	시각·청각 자극 중심, 품에 안고 리듬 있게
1~2세	그림 중심 책, 짧은 문장	아이가 페이지 넘기게 유도
2~3세	반복 구조 이야기책	아는 부분 반복해서 따라 읽기
3~5세	감정 표현이 풍부한 책, 상황 중심 이야기책	캐릭터 감정과 연결해 말 나누기
5세~	긴 이야기책, 시리즈	아이가 스스로 골라보게 하기

책을 싫어하는 아이, 어떻게 유도할까?

"책 읽자"라는 말에 도망가는 아이, 아주 자연스러운 반응이다. 그럴 때 아이가 책을 선택할 수 있는 경험과 자기 주도성을 먼저 길러주는 것이 필요하다.

아이를 책에 '초대'하는 방법

① 책에 대한 강요 대신 선택지를 주어라.

"이 책이랑 저 책 중에 뭐 읽고 싶어?" "이야기 들려줄까?" 말만 바꿔도 아이는 스스로 선택하는 기분을 느낀다.

② 짧은 시간, 자주 노출하기

10~15분만 즐겁게 함께 책을 보는 경험을 반복하면, 거부감이 줄어든다.

③ 부모가 먼저 책을 읽는 모습 보여주기

부모가 책을 즐기는 모습을 자주 보여주는 것만으로도 아이는 책에 관한 관심을 갖게 된다.
④ 책을 일상 곳곳에 배치하기
거실, 침대 옆, 식탁 근처 등 눈에 잘 띄는 곳에 책을 두라. '책 읽는 시간'이 아니라 '책이 늘 곁에 있는 환경'을 만들어주어라.

아이의 기질과 책의 만남은 성격에 따라 접근해야 한다.
먼저, 활동적인 아이로 가만히 앉아 있는 걸 힘들어한다면 그림 중심 책이나 인터랙티브 북(펼치고, 여닫고, 만지는 책)을 활용해 보라. 책을 짧게 자주 읽는 게 오히려 효과적이다. 다음은 상상력이 풍부한 아이다. 역할극, 그림책 꾸미기, 이야기 확장 놀이 등으로 책을 놀이로 확장하라. 그리고 말이 늦거나 소극적인 아이는 책 속 인물의 감정을 함께 읽고, "이 친구는 왜 속상했을까?" 같은 질문을 통해 감정을 말로 표현할 기회를 주어라.

마무리하며 – 책 읽기, 아이의 마음을 여는 문이 되도록
책은 단지 글자가 아니다. 책은 아이와 부모가 마주 앉아 나누는 시간이고, 소리와 표정으로 주고받는 마음이며, 상상력과 창의력의 씨앗을 심는 공간이다. 아이가 책을 좋아하게 되는 데에는 특별한 비법이 필요하지 않다. 중요한 건 책을 통해 사랑받았던 경험이 있느냐이다. 아이에게 책이란 '정보'나 '공부'가 아니라, 나를 따뜻하게 안아주던 엄마 아빠의 목소리, 함께 웃고 이야기하던 추억으로 남을 수 있어야 한다.

책 읽기는 성취의 도구가 아니라 관계의 다리이다. "책은 공부니까 읽어야 해"라는 압박보다 "책이 있으면 우리 둘이 더 즐거워져"라는 따뜻한 연결이 더 오래가고, 더 깊게 남는다. 아이의 기질에 맞게, 아이의 속도에 맞게, 책과의 거리를 천천히 좁혀가라. 어느 날, 아이가 스스로 책을 꺼내 드는 모습을 보게 될 거다.

그리고 무엇보다, 책 속 이야기만큼 아이의 이야기에도 귀를 기울여 주어라. "이 책은 재미있었어?" "이 주인공은 왜 이런 행동을 했을까?" "넌 어떻게 생각해?" 같은 대화는 단순한 책 읽기를 넘어 아이의 사고와 감정 세계를 열어주는 열쇠가 된다. 책이 언제든 꺼내 앉을 수 있는 친구이자 마음의 안식처가 되기를 바란다. 오늘 책 한 권, 이야기 한 토막이 아이 마음 한쪽에 작은 불씨가 되어 따뜻하게 남기를.

✅ 체크리스트

최근 3~6개월 기준으로 아이의 독서 태도와 관련 행동을 점검해 주세요.

❖ 독서 행동 관련 문항

☐ 책을 읽어주려 하면 금방 흥미를 잃고 자리를 떠난다.
☐ 스스로 책을 꺼내서 보는 경우가 거의 없다.
☐ 책을 읽는 시간보다 TV나 스마트폰을 보는 시간이 훨씬 많다.
☐ 글자가 많은 책은 거부하거나 지루해한다.
☐ 책을 읽자고 하면 짜증을 내거나 다른 활동으로 회피하려 한다.

❖ 정서 및 반응 관련 문항

☐ 책 읽기에 대해 부정적인 감정이나 인상을 표현한다.
☐ 책 내용에 대해 질문해도 기억을 잘 못하거나 관심을 안 보인다.
☐ 책 속 인물이나 상황에 대해 공감하거나 몰입하지 못한다.
☐ 책보다 소리, 자극이 강한 장난감이나 게임에 더 끌린다.
☐ 읽기 시간이 벌처럼 느껴진다며 지루해하거나 피곤해한다.

❖ 독서 환경 및 부모 영향 관련 문항

☐ 부모가 책 읽는 모습을 자주 보여주지 않는다.
☐ 집 안에 책이 눈에 잘 띄는 곳에 배치되어 있지 않다.
☐ 아이의 독서 선호도(장르, 소재 등)를 잘 파악하지 못하고 있다.
☐ 책 읽기 시간에 지적, 평가, 훈육이 함께 따라온다.

☐ 아이가 책을 싫어하는 이유를 '그냥 게을러서'라고만 생각한다.

📋 점검 결과 해석

0~4개: 특별한 문제는 없으며, 관심 유도 및 독서 환경 조성에 초점을 두면 충분하다. 흥미로운 책 찾기, 부모의 독서 모델링 시도 등을 권장한다.

5~9개: 흥미 부족 또는 환경적·심리적 저항 요소가 있을 수 있다. 독서 관련 경험이나 감정에 대한 점검이 필요하며, 놀이 중심 접근법이 도움이 된다. 책에 대한 접근 방식을 바꾸고, 부담감 없이 자연스럽게 노출시켜 주면 된다.

10개 이상: 정서적 저항, 주의력 문제, 읽기 어려움 등 복합적 원인이 있을 수 있다. 언어 발달, 학습 능력, 정서 상태 전반에 대한 전문가 상담을 권장한다. 강요하지 말고, 아이가 책을 '재미'로 느낄 수 있도록 새로운 방식의 접근이 필요하다.

💬 전문가 상담이 필요한 경우

① 만 5세 이상인데도 간단한 그림책조차 관심이 없고 회피가 심한 경우
② 읽기에 대한 부정적 감정(짜증, 불안, 울음 등)이 반복적으로 나타날 경우
③ 주의력 부족, 시각 처리 어려움, 언어 표현 지연이 함께 의심되는 경우
④ 독서 중 소리 내 읽기, 질문 대답, 내용 파악이 매우 어렵고 힘겨운 경우
⑤ 부모와의 독서 활동이 갈등, 훈육, 눈치 보기로 연결되는 경우

'집에서만 지내려는 아이' 다루는 법

– feat. 그에게 집은 그냥 집이 아니라 그를 보호하는 성(城)과 같다.

아이마다 성격과 기질은 다르다. 어떤 아이는 모험심이 강하고 바깥세상에 대한 호기심이 넘치지만, 어떤 아이는 자극에 민감하고, 새로운 상황에 불안을 느끼며, 낯선 환경에서는 위축되거나 감정적으로 불안정해진다. 이런 아이들에게 '집'은 단순한 생활 공간이 아니라 심리적으로 통제할 수 있는 영역, 예측이 가능하고 안정된 유일한 세계다. 따라서 집에만 있으려는 행동을 무조건 '회피'나 '게으름'으로 판단하면 아이의 내면은 더 단단하게 닫혀버릴 수 있다. 중요한 건 아이가 집 안에서 얻는 안정의 의미를 먼저 이해해주는 것이다.

아이가 집을 벗어나기 어려워하는 이유는 다양하다. 첫째, 불안 기질로 새로운 환경이나 낯선 사람과의 접촉을 불안해하고 무서워하는 경우다. '혹시 무슨 일이 생기면, 어떡하지?'라는 막연한 두려움이 있다. 둘째, 사회적 자신감 부족이다. 또래와 어울리는 경험이 부족하거나 과거에 부정적인 경험(왕따, 놀림 등)이 있었을 경우, 사람을 만나는 것 자체가 스트레스로 다가온다. 셋째, 실패 경험 회피 때문이다. 밖에서는 잘해야 하고, 평가받고, 비교당한다고 느낀다. 그래서 자신이 드러나는 상황을 피하려 한다. 넷째, 과잉보호 또는 간섭적인 양육 환경으로 아이가 스스로 선택하거나 실수해 볼 기회를 가지지 못하면 세상이 너무 위험하거나 복잡하게 느껴져 한 발짝도 떼기 어려워질 수 있다. 다섯째, 디지털 환경의 과몰입으로 인한 경우다. 스마트폰, 게임, 유튜브 등의 콘텐츠에 몰입하면 현실 세계보다 자극적이고 손쉬운 만족을 느끼기 때문에 집 밖 활동에 대한 동기 자체가 약해질 수 있다.

이럴 때는 아이를 바꾸려 하지 말고 '마음을 열게' 해야 한다. 특히 처음에는 절대 강요하면 안 된다. "밖에 좀 나가!" "이러다 친구도 없고, 아무것도 못 해!" "왜 이렇게 숙맥이야?" 이런 말들은 불안을 더 자극하고, 아이를 자기 안에 더 가두게 만든다. 초반에는 아이가 집에 머무는 이유를 탐색하고, 인정하고, 공감하는 과정이 필요하다.
이럴 때, 부모가 해줄 수 있는 첫 문장은 이런 것들이다.
① "밖에 나가는 게 요즘 좀 불편하게 느껴지는구나."
② "집에 있으니까 편하고 안정되지?"
③ "무슨 걱정이 있는 거야? 말 안 해도 돼."
④ "그냥 엄마(아빠)는 네 마음이 궁금해서 그래."
이렇게 비난 없이 묻고, 기다리고, 지켜봐 주는 태도가 아이의 방어를 조금씩 느슨하게 만든다.

'바깥세상'은 위험한 곳이 아니라는 체험을 만들자. 먼저 아이의 불안을 존중하면서 '작은 시도'를 설계하라.

첫 단계: 익숙한 공간부터 시작이다. 동네 산책, 아파트 정원, 편의점 가기처럼 짧고 익숙한 외출을 자주 반복해 본다. 목표는 '밖에 나가는 경험'이 아니라 밖에서도 안정감을 느낄 수 있다는 경험을 축적하는 거다.

두 번째: 아이가 '선택할 수 있는 외출'을 설계해 보자. "오늘은 공원 갈래, 도서관 갈래?"처럼 아이가 '자신이 선택했다'라는 느낌이 들면 참여 동기가 생긴다.

세 번째: 관계를 위한 외출로 전환이다. 동네 친구와 함께 나가 놀기, 가족과 함께하는 나들이 등 '활동'보다 사람과의 연결이 핵심인 외출을 시도해 보자.

네 번째: 아이가 좋아하는 것과 외출을 연결해 보자. 예를 들어, 좋아하는 동물이 있다면 동물원이나 만화 캐릭터를 만나러 가는 거다. 이후 관련 전시나 음식으로 이어져 맛집 탐방까지 연결하면 된다.

이때 부모가 유의해야 할 점은 무엇보다 비교하지 말아야 한다는 것이다. "네 친구는 밖에서 맨날 뛰어놀던데…" 이런 식의 비교는 아이의 자존감을 더 위축시키고 변화의 의지를 꺾는다. 다음은 부모가 '안정기지'가 되어주어야 한다. 집에서 충분히 사랑받고 인정받는 경험이 많을수록 아이는 바깥에서도 '나 자신은 괜찮은 사람'이라는 믿음을 가질 수 있다. 또한 '세상이 안전한 곳'이라는 경험을 설계해 주는 거다. 중요한 건 작은 성공 경험의 반복이다. 한 번 외출하고 "성공했으니까, 이제는 당연히 나가야지!"가 아니라 "그때 잘했지? 다음에도 천천히 해보자"라는 식으로 과정 중심의 격려가 필요하다.

마무리하며 – 세상은 거대한 바깥, 집은 아이의 심장

아이에게 '집'은 단순한 생활 공간이 아니다. 그것은 세상의 복잡함과 예측 불가능함으로부터 자신을 보호해 주는 성이고, 마음껏 숨을 쉬며 재정비할 수 있는 심리적 충전소이다. 그래서 집에서만 지내려는 아이를 억지로 바깥세상에 내몰기보다는 그 아이가 집 안에서 느끼는 안정감의 가치를 먼저 인정해 주는 것이야말로 시작이다.

이런 아이들은 느리고, 조심스럽고, 매사에 한발 물러서는 것처럼 보인다. 하지만 내면에는 자신만의 방식으로 세상과 연결되고 싶은 마음이 분명히 존재한다. 단지 아직 그 타이밍과 방법을 스스로 찾지 못했을 뿐이다. 그렇기에 부모가 해줄 수 있는 가장 큰 응원은 속도를 재촉하지 않는 것이다.

조금 느려도 괜찮다. 그 아이의 걸음에는 그만의 리듬이 있다. 중요한 건 세상과 연결되는 방향을 잃지 않는 것 그리고 아이가 자기 안의 목소리를 존중받으며 언젠가는 스스로 그 성의 문을 열 용기를 가질 수 있도록 기다려주는 것이다.

부모의 믿음은 아이의 날개가 된다는 점을 꼭 기억하라. "넌 지금 이대로 충분히 괜찮아." "밖은 위험한 곳이 아니라, 네가 새로운 나를 만날 수 있는 멋진 세상이야." 같은 말들이 아이의 마음속에 씨앗처럼 뿌려져, 언젠가 바깥세상을 향한 작은 발걸음으로 자라날 것이다.

그 작은 발걸음이 시작되는 순간, 부모는 그저 반가운 미소로 말해

주면 된다. "그래, 잘 왔어. 괜찮아. 천천히 와도 돼. 나는 항상 네 편이야." 세상은 여전히 복잡하고 때론 낯설지만, 아이 마음속에 '집 같은 엄마(아빠)'가 있다면, 그 어떤 세상도 조금은 덜 두렵게 느껴질 거다. 그렇게 아이는 '세상과 나' 사이에서 자신만의 균형을 찾는 법을 배워간다. 그리고 그것이 바로 아이가 세상에 내딛는 가장 단단한 첫걸음이 될 것이다.

☑ 체크리스트

최근 3~6개월간 아이의 행동 및 정서 반응을 기준으로 체크해 주세요.

❖ 외부 활동 기피 관련 문항

☐ 놀이터, 공원, 마트 등 외출 제안을 하면 아이가 싫어하거나 거부한다.
☐ 친구 집 초대나 파티에 가는 걸 불편해하거나 가지 않으려 한다.
☐ 어린이집·유치원·학교 등 단체 생활에 적응을 어려워한 적이 있다.
☐ 야외보다 집 안에서의 활동(장난감, 영상 시청 등)을 더 좋아한다.
☐ 새로운 환경에 가면 겁을 내거나 낯설어하고, 금방 집에 가고 싶어 한다.

❖ 정서적 요인 관련 문항

☐ 낯선 사람이나 장소에서 불안, 긴장, 무표정한 반응을 보인다.
☐ 예상하지 못한 외출이나 상황 변화에 대해 과민 반응(울기, 짜증)을 보인다.
☐ 외출 후 돌아와서 지쳐 보이거나 기분이 나빠진다.
☐ 분리불안이 여전히 심해서 부모와 떨어지려 하지 않는다.
☐ 혼자 있는 시간이 많고, 스스로 그 상태를 선호한다고 말한다.

❖ **양육 환경 및 부모 영향 관련 문항**
☐ 부모가 외출보다는 실내 활동을 더 자주 권유한다.
☐ 코로나19 이후 외부 활동 빈도가 현저히 줄었다.
☐ 아이가 나가려고 할 때 부모가 "위험하다"라거나 "귀찮다"라며 말리는 경우가 많다.
☐ 가족 모두가 외부보다 집에서 보내는 시간이 훨씬 많다.
☐ 외출에 관한 대화에서 "귀찮다, 무섭다, 재미없다"라는 표현이 자주 나온다.

점검 결과 해석

0~4개: 특별한 문제는 없어 보인다. 가벼운 활동부터 함께 나서는 연습을 해보라. 놀이처럼 접근하면 효과적이다.

5~9개: 외부 활동 회피에 정서적 요인, 습관, 가족 환경 등이 영향을 줄 수 있다. 외출이 긍정적이고 편안한 경험이 되도록 분위기를 조성해 주면 된다. 반복적인 외부 활동 노출이 도움이 될 수 있다.

10개 이상: 사회적 불안, 분리불안, 회피 성향이 깊어졌을 가능성이 높다. 아동심리 전문가 상담을 받아 아이의 내면 상태를 점검해 보는 것이 좋다.

전문가 상담이 필요한 경우

① 만 5세 이상인데도 친구와의 외부 놀이나 사회적 상황을 지속적으로 회피할 경우
② 외출 시 울음, 떼쓰기, 복통, 두통 등 신체화 증상이 반복될 경우

③ 부모와 떨어질 때 극도로 불안해하며 외출 자체를 거부하는 경우
④ 실내 생활 중심으로 인해 신체 활동, 사회성, 언어 발달 등에서 지연이 나타날 경우
⑤ 아이가 외출에 대해 무기력하고 부정적인 자기표현을 지속적으로 할 경우

'우리 아이의 선행학습' 선택의 기준 잡기

— feat. 한글 교육, 영어 교육 언제부터 해야 하나?

요즘 부모들의 큰 고민 중 하나는 바로 '언제부터 뭘 가르쳐야 하느냐?'다. "다들 벌써 영어 유치원 다닌다더라." "한글을 떼야 학원에서 수업이 가능하대." "지금 이걸 안 하면 우리 아이만 뒤처지는 건 아닐까?" 이러한 불안은 결국 '선행학습'이라는 이름으로 아이들에게 쏟아지게 된다. 영유(영어 유치원) 대기 줄, 4세 반·7세 반 선행 그룹과외, 유아 사교육 패키지까지…. 조기교육은 이제 선택이 아니라 '필수'처럼 여겨지는 시대가 되어버렸다. 하지만, 그렇게 일찍부터 배운 아이들은 정말 행복할까?

부모가 선행학습을 선택하는 데에는 몇 가지 공통된 이유가 있다.
① 불안: 남들 다 하는데 우리 아이만 안 하면 뒤처질까 봐.
② 정보 과잉: 너무 많은 자극적인 교육 정보 속에서 생긴 혼란.
③ 경쟁 시스템: 초등 입학 전부터 경쟁 구도에 들어가는 사회 분위기.
④ 보여주기식 양육: "우리 아이는 벌써 영어로 말해요!"라는 자랑 심리.

하지만, 이 모든 심리는 사실상 부모 자신의 불안을 해소하려는 욕망에서 비롯되기도 한다.

물론 조기 교육이나 선행학습이 무조건 나쁜 것은 아니다. 아이가 즐기고 흥미 있어 한다면 오히려 도움이 되기도 한다. 하지만 문제는, 많은 경우 아이의 속도나 성향은 무시된 채 부모의 목표 달성 수단처럼 학습이 사용된다는 데 있다. 그 결과, 다음과 같은 문제가 발생할 수 있다.
① 학습 피로와 거부감
② 자발성 저하: 스스로 배우려는 동기보다 '시킨 것만' 하는 태도
③ 과도한 비교와 낮은 자존감
④ 놀이 결핍: 뇌 발달을 위한 자유 놀이 시간 부족
⑤ 내면 결핍: 사랑받는 느낌 대신 성과로 평가받는 불안한 마음

뇌는 순서대로 자란다. 신체의 모든 영역은 동시에 성숙하지 않는다. 특히 인지보다 더 먼저 자라야 할 건 '감정', '신뢰', '애착'이다. 부모와의 안정적 관계를 통해 마음이 자라야 나중에 인지도 폭넓게 성장할 수 있다. '먼저 느끼고, 그다음 생각한다'라는 원칙은 인간 발달의 핵심이다.

아이의 발달을 돕는 학습은 다음과 같은 기준을 따라야 한다.
① 흥미 중심인지
② 놀이와 연결되어 있는지

③ 강제성이 아닌 자발성 기반인지
④ 아이의 현재 수준에 맞는지
⑤ 정서적 안정이 먼저 확보되었는지

무조건 '먼저 시킨다'가 아니라 '지금 내 아이가 받아들일 수 있는 준비가 되었는가?'를 먼저 확인해야 한다.

선행보다 먼저 해야 할 건 '사랑'이다. 무엇을 배우느냐보다 어떤 마음으로 배움에 다가가게 할 것이냐가 더 중요하다. "너는 지금도 충분히 멋진 아이야." "배우는 건 즐거운 일이란다." "실수해도 괜찮아. 엄마 아빠는 널 믿어." 이런 메시지를 받은 아이는 조금 늦게 배워도 더 멀리 간다.

마무리하며 – 아이에게 필요한 건 '앞서가는 지식'이 아니라 '함께 걷는 사랑'이다.

선행학습을 고민하는 부모의 마음은 결국 아이를 위한 '최선'을 선택하고 싶다는 진심에서 출발한다. 하지만 그 최선이 진짜 '아이의 성장'과 맞닿아 있는지를 가끔은 멈춰 서서 돌아볼 필요가 있다. 아이들은 누구나 자기만의 속도와 방식으로 자란다. 누군가는 말보다 몸이 먼저 트이고, 누군가는 숫자보다 감정에 더 민감하고, 누군가는 교과서보다 자연 속에서 배운다.

우리가 해야 할 일은 아이를 끌고 가는 것이 아니라 아이 곁에서 함께 걸어주며 지켜봐주는 일이다. 앞서가며 길을 터주는 것이 아니라 아이의 눈높이에서 아이의 리듬에 귀 기울이는 것, 그것이 진짜 양육이다. 부모가 아이를 조급하게 만들면 아이는 자기도 모르게 자기 안의 '결핍'부터 먼저 보게 된다. 하지만 부모가 지금 그대로의 나를 인정해 주고 기다려 주는 관계 안에 있을 때, 아이는 천천히, 그러나 단단하게 세상을 향한 발걸음을 시작한다.

오늘도 아이가 '무엇을 알고 있는가'보다 '지금 어떤 마음으로 배우고 있는가'를 더 자주 묻는 부모가 되기를 응원한다. 아이의 내일은 오늘의 조급함이 아니라 오늘의 믿음과 여유 속에서 자라난다. 부모의 사랑이 선행되어야, 아이의 배움도 꽃피울 수 있다.

✅ 체크리스트

"우리 아이, 선행학습에 지치고 있지 않을까?"
최근 1~2개월 사이 아이의 행동과 부모의 양육 태도를 떠올리며 체크해 보세요.

❖ 아이의 정서적 반응
☐ 학습을 시작하려고 하면 불안해하거나 한숨을 쉰다.
☐ 선행학습 이후 짜증, 울음, 분노 표현이 증가했다.
☐ "나는 못 해" "어려워" 등 자신감을 잃은 말을 자주 한다.
☐ 학습 중 사소한 실수에도 심하게 좌절하거나 포기한다.
☐ 학습이 끝난 후에도 표정이 밝지 않고 피로해 보인다.

❖ 아이의 신체 및 생활 변화
☐ 학습 시간이 다가오면 배가 아프다거나 머리가 아프다고 한다.
☐ 식사, 수면, 놀이 등 기본생활 리듬에 변화가 생겼다.
☐ 예전보다 밖에서 노는 시간이나 친구와 어울리는 시간이 줄었다.
☐ 과제나 문제를 해결할 때 쉽게 짜증을 내거나 회피한다.
☐ '공부'라는 단어 자체를 싫어하거나 예민하게 반응한다.

❖ 부모의 태도와 기대 점검
☐ 또래보다 앞서가야 한다는 불안감이 부모에게 있다.
☐ 학원, 과외 등 선행학습 스케줄이 아이의 의견 없이 정해진다.
☐ 아이가 힘들다고 말해도 "조금만 더 해봐"라고 다그친 적이 있다.

☐ 아이가 성취한 것보다는 부족한 부분을 더 지적하게 된다.
☐ 선행학습이 아이의 흥미보다는 부모의 불안 해소 수단이 된 적이 있다.

점검 결과 해석

0~5개: 선행학습이 아직 아이에게 큰 부담이 되지 않는 상태다. 아이의 반응을 세심히 관찰하며 조절할 준비를 하면 된다.

6~10개: 선행학습이 아이의 정서나 생활에 부담이 되고 있을 수 있다. 아이의 속도, 흥미를 고려한 학습 재조정이 필요하다.

11개 이상: 아이가 학습 스트레스에 노출되고 있을 가능성이 높다. 학습 방식·양을 점검하고, 휴식과 놀이 시간을 늘려야 할 시점이다. 전문가 상담도 고려해 보라.

전문가 상담이 필요한 경우

① 학습을 앞두고 심한 불안, 복통·두통 등 신체 증상이 반복되는 경우
② 학습 후 지속적인 우울감, 짜증, 무기력이 나타나는 경우
③ 공부에 대한 강한 거부감이나 과도한 자책·비하 발언이 자주 나오는 경우
④ 선행학습으로 인해 부모와의 갈등이 심화되고 양육 무력감이 커지고 있는 경우
⑤ 어린이집, 유치원, 학교 등 다른 환경에서도 학습 스트레스로 인한 어려움이 반복되는 경우

'한 가지 장난감만 가지고 노는 아이' 다루는 법

– feat. 조금이라도 의심되면 '자폐 스펙트럼 장애'부터 배제해야 한다.

한 가지 장난감에만 집착하듯 몰두하는 아이를 보면 '왜 이렇게 다른 장난감은 안 갖고 놀까?' '혹시 자폐적인 경향이 있는 건 아닐까?' 하는 걱정이 들 수 있다. 이 행동은 단순한 취향일 수도 있고, 정서적 안정의 도구일 수도 있으며, 때에 따라 발달적 문제의 신호일 수도 있다. 따라서 단순히 '특이하다'라고 넘기기보다는 아이가 왜 그렇게 행동하는지를 정확히 이해하는 것이 우선이다.

한 가지 장난감만 반복적으로 가지고 노는 아이는 다음과 같은 특징을 보일 수 있다.

① 패턴화된 놀이를 선호한다. 블록을 한 가지 색으로만 쌓거나 장난감 자동차를 일렬로 나열하는 등 정형화된 방식의 놀이를 즐긴다.
② 놀이 주제가 바뀌는 것을 싫어한다. 부모가 다른 장난감을 권해도 쉽게 전환하지 않는다.
③ '집중력'은 높지만 '융통성'이 낮다.

④ 다른 아이들과의 상호작용을 회피하거나 어려움을 느낀다.
⑤ 자기만의 규칙에 따라 놀이하기를 고수한다.

아이가 그렇게 행동하는 데는 다음과 같은 몇 가지 원인이 있다.

(1) 기질적 원인
① 인지적 융통성이 낮고, 익숙한 것을 선호하는 아이의 기질
② 감각 민감성이 높아 새로운 자극을 거부하는 성향

(2) 심리적 원인
① 불안이나 긴장 상태를 한 가지 활동에 몰입함으로써 해소하려는 시도
② 정서적으로 안정감을 주는 대상(장난감)에 의존

(3) 환경적 요인
① 놀이 자극이 다양하지 않은 환경에서 자란 경우
② 부모가 놀이에 적극적으로 개입하지 않아 놀이 범위가 확장되지 못한 경우

(4) 발달적 문제 가능성
자폐 스펙트럼 장애(ASD)의 주요 특징 중 하나가 제한된 관심사와 반복적 행동이다. 다른 발달 영역에서도 문제가 보인다면 전문가의 진단이 꼭 필요하다.

이때 부모는 언어 발달은 또래 수준에 맞는가, 사회적 상호작용(눈 맞춤, 상호 놀이)은 자연스러운가, 놀이가 창의적이고 확장 가능한가, 반복되고 제한적인가, 다른 장난감이나 놀이로 전환 시 반응은 어떤가 등을 반드시 체크해야 한다.

이 중 2~3가지 이상에서 지속적인 문제가 느껴진다면, 조기에 전문가 상담을 받는 것이 좋다.

한 가지 장난감만 가지고 노는 아이를 양육할 때는 첫째, 무조건 장난감을 빼앗거나 억지로 놀이를 바꾸려 하지 말아야 한다. 강압적인 방식은 아이의 불안감을 더욱 자극한다. 둘째, 아이가 좋아하는 장난감을 활용해 놀이 확장을 유도해 보라. 예를 들어, 자동차 장난감을 이용해 이야기 만들기, 색깔 분류, 경주 등으로 놀이 변형을 시도해 보는 거다. 셋째, 다양한 감각 놀이, 신체 활동, 미술, 음악 등 다양한 자극을 제공하라. 이전과는 다른 방식으로 시도해 보면 된다. 넷째, 또래 아이들과 자연스럽게 서로 작용할 수 있는 놀이 환경 마련하기다. 다섯째, 놀이 기록을 남기고 변화를 추적하는 방법으로 아이가 조금씩 놀이 방식을 바꿔 가는지, 새로운 장난감에 관심을 보이는지 관찰해야 한다.

아이를 그냥 방치하면 다음과 같은 문제점이 생길 수 있다.
① 사회성 결핍: 또래와 상호작용이 어려워지며, 사회적 고립 가능성
② 문제 해결력과 창의성 저하: 유연한 사고가 제한되어 다양한 상황에 적응이 어려움
③ 발달 지연: 언어, 감정 조절, 인지 등 여러 영역에서 발달이 지연

될 수 있음
④ 자기중심성 강화: 규칙을 자기 마음대로 해석하거나 융통성 부족으로 타인과 충돌

올바른 양육 방향을 다음과 같이 제안한다.
① 관찰과 이해를 기반으로 한 접근: 성급한 판단보다는 아이의 놀이 흐름과 맥락을 먼저 이해해야 한다.
② 놀이의 확장성 도와주기: 아이가 좋아하는 것에서부터 놀이를 조금씩 넓혀주어라.
③ 놀이 치료적 접근: 반복 행동이 심하거나 또래 관계가 원활하지 않다면 전문가의 놀이치료나 발달 평가도 고려해 볼 수 있다.
④ 부모의 정서적 반응 조절: 당황하거나 짜증을 내기보다는 호기심을 갖고 접근하는 태도가 중요하다.

마무리하며 – 걱정보다 관찰, 문제보다 이해
한 가지 장난감만 가지고 노는 아이를 보면 부모로서는 자연스레 걱정이 앞선다. '혹시 우리 아이가 자폐는 아닐까?' '사회성이 부족한 건 아닐까?'라는 생각이 들 수밖에 없다. 하지만 중요한 것은 그 행동 자체보다 '반복의 맥락'과 '아이의 전반적인 발달 상황'을 살피는 것이다. 단순히 어떤 장난감에 몰입해 노는 것은 오히려 '집중력'과 '탐색력'의 발달 신호일 수 있다. 다만, 그것이 너무 고정적이고 대인 반응이나 감정 교류, 놀이 확장이 전혀 없다면 보다 면밀한 관찰이 필요하다.

부모가 해야 할 일은 '걱정'보다 '관찰'이다. 관찰을 통해 아이의 놀이가 어떤 성격을 가졌는지, 놀이에 어떤 감정이 담겨 있는지를 알아차리고, 그 안에 담긴 메시지를 읽어내려는 정서적 감수성과 인내가 필요하다. 또한 '놀이'는 아이에게 있어 '언어'와도 같다. 아이는 놀이를 통해 감정을 표현하고, 세상을 이해하고, 스스로 조절해 나간다. 그러니 부모는 '왜 이것만 가지고 놀까'보다 '이 장난감에 담긴 아이의 감정은 뭘까'를 물어야 한다. 그래야 아이의 진짜 마음에 다가갈 수 있다.

혹시라도 걱정이 깊어지거나 혼자 판단하기 어렵다면 전문가의 도움을 받는 것도 현명한 방법이다. 정확한 진단과 따뜻한 조언은 부모의 불안을 덜어주고 아이의 성장을 더욱 풍요롭게 만들어준다. 아이의 행동을 '문제'로 보기 전에 그것을 '이해'하려는 자세가 먼저다. 이 작은 시선의 변화가 아이에게는 커다란 위로와 안전감이 될 것이다.

✅ 체크리스트

최근 1~2개월 아이의 행동을 바탕으로 체크해 보세요.

❖ 아이의 놀이 행동

☐ 대부분의 놀이 시간이 한 가지 장난감에만 집중되어 있다.
☐ 새로운 장난감이나 활동을 제안해도 거의 관심을 보이지 않는다.
☐ 한 가지 장난감을 반복해서 비슷한 방식으로만 가지고 논다.
☐ 놀이할 때 창의적인 변형이나 새로운 역할 놀이를 거의 하지 않는다.
☐ 장난감이 없어지면 극도로 불안해하거나 짜증을 낸다.

❖ 아이의 정서 · 인지적 특성

☐ 새로운 활동이나 변화에 대한 거부감이 강하다.
☐ 낯선 환경이나 물건보다 익숙한 것만 고집하는 경향이 있다.
☐ 혼자 노는 것을 선호하며 또래와의 상호작용은 제한적이다.
☐ 말이나 행동 패턴이 정형화되어 있고 반복적인 경향이 있다.
☐ 고집이 세고 자신의 방식을 고수하려는 성향이 강하다.

❖ 부모의 반응 및 양육 태도

☐ 아이가 같은 장난감만 가지고 놀아도 특별히 개입하지 않는다.
☐ 다양한 놀이 제안보다 아이의 선택을 우선시하며 그대로 둔다.
☐ 장난감을 많이 사주기보다는 익숙한 것만 유지하는 편이다.
☐ 아이의 집중력이나 몰입을 장점으로만 해석하고 있다.
☐ 아이의 반복 놀이를 보며 혹시 문제가 있나 걱정되기도 한다.

📋 점검 결과 해석

0~5개: 한 가지 놀이에 몰입하는 일시적 관심 집중일 수 있다. 자연스러운 성장 과정으로 보며 다양한 놀이 기회를 유연하게 제안해 보도록.

6~10개: 아이가 익숙함과 반복을 선호하는 성향이 있으며, 다양성 부족이 사회성, 창의성 발달에 영향을 줄 수 있다. 놀이 다양화 및 또래 상호작용 기회를 늘리는 것이 필요하다.

11개 이상: 인지적 경직성, 감각 민감성 또는 발달 특성과 관련이 있을 수 있다. 전문적인 발달 평가와 함께 부모의 관찰과 반응 방식 점검이 권장된다.

💬 전문가 상담이 필요한 경우

① 장난감을 반복적으로 사용하며 창의적 변형이나 상호작용이 거의 없는 경우
② 다른 장난감, 활동, 사람과의 접촉을 극도로 회피하거나 강하게 거부하는 경우
③ 언어·사회성·감정 표현 등 다른 발달 영역에서도 지연이나 어려움이 느껴지는 경우
④ 반복 행동, 정형화된 말과 행동, 고집스러운 일관성이 눈에 띄는 경우
⑤ 부모가 혼자 판단하기 어려운 불안감이나 의심을 지속적으로 느끼는 경우

Chapter 5.

밖에서는 입을 꾹 닫는 아이
– 균형 있게 사랑하기

질투하는 아이를 혼내지 말라. 그 아이는 지금,
사랑받고 싶은 마음을 제일 솔직하게 표현하는 중이다.
그 감정을 혼내지 않고 다루는 법을 알려주는 것이
우리가 아이에게 줄 수 있는 가장 큰 선물이다.

'고자질을 잘하는 아이' 다루는 법

— feat. 고자질에 담긴 다양한 의미부터 생각해 보라.

"선생님, ○○가 또 장난쳤어요!" "엄마, 동생이 나 안 때렸다고 거짓말했어." "걔는 맨날 몰래 간식 먹어요!" 아이들의 '고자질'을 마주한 부모나 교사는 곤란하거나 불편함을 느끼곤 한다. 무언가 바람직하지 않은 행동처럼 보이기 때문에 "고자질 좀 그만해!"라고 다그치기 쉽지만, 아이들의 고자질은 단순한 '이간질'이나 '불쾌한 행위'로만 봐서는 안 된다. 그 안에는 다양한 의미와 필요 그리고 발달적인 맥락이 숨어 있기 때문이다.

고자질은 단순한 일러바침이 아니라 다음과 같은 심리적·발달적 욕구가 얽혀 있는 '사회적 표현 방식'이다.

첫째, 규칙 의식의 발달이다. 아이들은 만 4~6세 무렵부터 본격적으로 '규칙'과 '질서'에 민감해진다. '이건 옳고, 저건 틀려'라는 개념이 생기고, 규칙을 지키는 것이 중요하다는 걸 배우기 시작한다. 이 시기의 고자질은 단순한 고발이 아니라 "규칙 위반이 있어요! 누군가는 이걸 바로잡아야 해요!"라는 정의감의 표현일 수 있다.

둘째, 관계 속에서의 인정 욕구로 어른에게 무언가를 고자질하는 행동은 아이가 '좋은 아이', '옳은 아이'로 인정받고 싶은 욕망에서 비롯되기도 한다. 특히 동생이나 친구와의 관계 속에서 자신이 불리하다고 느낄 때, 부모나 교사의 관심을 끌기 위한 수단으로 고자질을 활용하는 경우가 많다.

셋째, 자기 조절력의 미숙이다. 아이들은 자신의 감정을 말로 설명하거나 상황을 객관적으로 이해하는 능력이 아직 부족하다. 갈등이 생겼을 때 직접 해결하는 대신 어른에게 알림으로써 갈등 해결의 책임을 전가하려는 시도이기도 하다.

넷째, 불안감의 반영으로 일부 아이들의 고자질은 자신이 잘못하면 혼날까 봐 다른 사람의 잘못을 부각하려는 불안감에서 비롯되기도 한다. 즉, 주의를 다른 데로 돌리고 싶은 심리적 회피 전략이다.

심리학자들은 고자질을 인간의 사회적 진화 과정에서 나타난 '집단 내 질서 유지 전략'으로 보기도 한다. 고자질은 집단 내 규칙을 공유하고 위반자를 배제함으로써 집단 전체의 생존 가능성을 높이는 역할을 해왔다. 따라서 아이들의 고자질은 단순한 유치한 행동이 아니라 사회적 맥락을 이해하고 '누구 편에 설 것인가'를 탐색하는 초기 사회화 과정으로도 볼 수 있다.

고자질하는 아이들의 특징은 ① 언어 표현력이 뛰어나거나 빠른 경우가 많다. ② 규칙이나 질서에 민감하다. ③ 경쟁적 상황에서 불안을 느끼는 경향이 있다. ④ 성인 또는 권위자와의 관계를 통해 자신을 보호하거나 인정받고자 하는 욕구가 강하다. ⑤ 또래 갈등 상황에서 직접 해결하기보다는 외부 개입을 유도한다.

고자질을 제대로 다루는 법은 무시도, 무조건 칭찬도 아닌 '중립적 개입'이다.

첫째, 무조건 제지하지 마라. 고자질한다고 "너 왜 자꾸 일러!"라고 혼내는 건 아이에게 '네 감정은 중요하지 않다'라는 메시지를 줄 수 있다. 아이가 표현한 내용 자체보다 그 마음의 배경에 먼저 귀 기울여 줘라. "그렇게 말하고 싶었던 이유가 있었겠구나. 그런데 이건 우리가 어떻게 해결하면 좋을까?"처럼.

둘째, '문제 제기'와 '일러바치기'를 구별해 가르치자. "친구가 위험한 행동을 했을 때는 꼭 어른에게 알려야 해. 하지만 그냥 혼내달라고 말하는 건 다른 방식으로도 말할 수 있어." 이렇게 아이가 고자질과 정당한 문제 제기 사이의 차이를 이해하도록 돕는 것이 중요하다.

셋째, 역할놀이나 감정 표현 연습 활용이다. 고자질 상황을 역할극으로 재현해 보고, 그 속에서 다른 표현 방법, 갈등 해결 방법을 연습시켜 보자. 아이의 어휘력, 감정 조절력, 사회적 기술이 함께 자란다.

넷째, 권위자의 반응 방식도 바뀌어야 한다. 고자질을 들은 어른이 지나치게 편을 들어주거나, 반대로 묵살해 버리면 아이는 혼란을 느낀다. "그렇구나, 네가 그렇게 느꼈구나"와 같이 사실 확인 전의 감정 공감 그리고 상황 탐색, 마지막으로 함께 해결하기의 3단계 접근이 바람직하다.

마무리하며 – 고자질은 아이의 '사회성 발달의 징후'일 수도 있다.

고자질은 아이가 사회 규칙을 배우고, 권위자와의 관계 속에서 자아를 세우며, 또래 관계에서 자신의 위치를 탐색하는 복잡한 과정에서 나오는 중간 단계의 언어 표현이다. 즉, 아이는 지금 자신의 도덕성과 감정, 관계를 조율하는 방법을 '연습 중'인 것이다. 이 시기를 지나며 아이는 점차 갈등을 스스로 해결하거나, 더 적절한 방식으로 의사 표현을 하게 된다. 중요한 것은 지나친 고자질을 단죄하기보다는 그 속에 숨은 감정과 욕구를 이해하고 다듬어 줄 수 있는 어른의 태도이다.

아이에게 필요한 것은 '혼내는 사람'이 아니라 어떻게 말해야 좋을지, 어떤 방식이 더 효과적인지를 차근차근 알려주는 조력자이다. 고자질은 결국 아이가 '나도 옳고 싶고, 사랑받고 싶다'라는 마음을 표현하는 방식이다. 그 마음을 존중하며 더 건강하게 표현할 수 있도록 도와줄 때, 아이의 사회성은 보다 성숙한 단계로 자라난다.

✅ 체크리스트

최근 1~2개월 사이 자녀의 행동을 떠올리며, 해당하는 항목에 체크해 보세요.

❖ 자녀의 고자질 행동 패턴
- [ ] 형제자매나 친구의 잘못을 자주 부모에게 일러바친다.
- [ ] 친구 관계에서 자신이 손해를 보거나 불편하면 즉시 어른에게 말한다.
- [ ] "선생님이 그 친구 혼내줬으면 좋겠어"라는 말을 자주 한다.
- [ ] 규칙 위반이나 불공정함에 민감하고 그걸 바로잡고 싶어 한다.
- [ ] 친구의 사소한 실수까지도 꼭 어른에게 알려야 한다고 생각한다.

❖ 고자질의 동기와 감정
- [ ] 고자질한 후 부모나 교사의 칭찬이나 관심을 기대하는 눈치를 보인다.
- [ ] 자신이 옳고 정의롭다는 인식을 자주 드러낸다.
- [ ] 타인의 행동을 자주 비난하거나 판단하려는 경향이 있다.
- [ ] 친구와 다툰 후, 자신은 아무 잘못 없다고 강조하며 고자질한다.
- [ ] 자신의 감정이나 문제를 직접 표현하기보다는 남을 끌어들이는 방식으로 말한다.

❖ 부모 반응 및 가정 내 양육 분위기
- [ ] 고자질했을 때 즉각적으로 대응하거나 혼내는 편이다.

☐ 잘잘못을 빨리 가리려는 대화 방식을 자주 쓴다.
☐ 형제 간의 다툼에서 공정한 중재보다는 일방적인 편들기를 한 경험이 있다.
☐ 칭찬이나 관심이 주로 '착한 행동'에 국한되어 있다.
☐ 자녀가 자신의 감정을 솔직히 표현하는 것보다는 '옳은 행동'을 더 강조받는다.

점검 결과 해석

0~4개: 자녀는 비교적 타인의 행동과 자신의 감정을 잘 구분하고 있다. 자녀가 표현한 정보 속에서 감정과 사실을 구별하는 연습을 함께 해보면 된다.

5~9개: 자녀는 옳고 그름에 예민하며 인정 욕구가 강한 경향이 있다. 고자질이 아닌 도움 요청, 감정 표현, 공감적 대화 방법을 가르쳐 주면 된다. "그 상황에서 너는 어떤 기분이었어?" "친구는 어떤 마음이었을까?"와 같은 감정 중심의 피드백이 필요하다.

10개 이상: 자녀는 자신의 감정 표현보다 타인의 행동 통제가 더 익숙할 수 있다. 아래의 경우에는 전문가 상담이 필요할 수 있다.

전문가 상담이 필요한 경우

① 고자질이 반복되며 또래 관계에서 소외되거나 따돌림으로 이어지는 경우
② 지나치게 도덕적, 규범적 행동을 강요받아 자기표현이 억눌리는 경우

③ 형제자매 간 경쟁, 질투, 주목 욕구로 인해 고자질이 강화되는 양상이 지속될 경우
④ 공감 능력이 부족하고 타인의 실수를 용납하지 못하는 경직된 성향이 강한 경우

'시기, 질투가 많은 아이' 다루는 법

— feat. 혼내기보다는 그들의 '본능'을 먼저 이해해야 한다.

시기와 질투는 모든 인간이 가지고 있는 본능 중 하나다. 단지 아이들은 그것을 '조절하는 기술'이 미숙할 뿐이다. 이러한 감정은 자신이 소외되거나, 다른 사람과 비교해 불리하다고 느낄 때 자연스럽게 발생한다.

형이나 동생이 칭찬받을 때, 친구가 좋은 장난감을 가졌을 때, 엄마, 아빠가 다른 형제에게 더 관심을 줄 때 아이는 본능적으로 '나는 덜 사랑받는 건가'라는 두려움을 느끼고, 이는 곧 질투나 시기의 감정으로 나타난다.

시기와 질투는 흔히 다음과 같은 아이에게서 더 자주, 강하게 나타난다. 첫째, 감정 기복이 큰 아이. 정서 조절력이 낮아 사소한 일에도 쉽게 감정적으로 반응한다. 둘째, 경쟁심이 유독 강한 아이. 늘 1등을 하거나, 비교 대상보다 우위에 서려는 욕구가 강하다. 셋째, 애정에 대한 갈망이 큰 아이. 부모의 사랑을 독점하고 싶어 하는 욕구가 강한 경우 쉽게 질투한다. 넷째, 형제·자매가 있는 아이. 특히 동생이 생기면서 부모의 관심을 빼앗겼다고 느낄 때 질투는 강하게 드러난다.

발달심리학에서는 시기와 질투를 정체성 형성과 사회적 관계 학습의 일부로 본다. 만 2~5세는 애착 형성과 자아 인식이 형성되는 시기로, 부모의 관심이 자신의 존재 이유라고 생각한다. 이 시기 질투는 '사랑받고 싶은 불안'의 표현이다. 만 6~10세는 또래 관계와 사회적 비교가 시작되는 시기로, 질투는 비교 속에서 느끼는 '열등감'의 표현일 수 있다. 청소년기에는 시기 질투가 좀 더 복합적인 형태로 변하며, 자아 정체성과 사회적 위치를 의식하는 과정에서 나타난다. 진화심리학자들은 질투와 시기를 생존 전략으로 본다. 애정과 자원을 더 많이 얻기 위한 생존 본능이자, 사회적 경쟁에서 도태되지 않기 위한 반응이라는 것이다. 즉, 시기와 질투는 결코 나쁜 감정이 아니라 자신의 위치를 확인하고 보호하기 위한 감정이다.

질투가 심한 아이 부모의 특징은 다음과 같다.

첫째, 무의식적인 비교 발언을 한다. "너는 왜 오빠처럼 못하니?" "누구는 잘하는데 넌 왜 그래?" 등의 말은 아이에게 불안을 자극한다. 둘째, 관심의 불균형이다. 부모가 무심결에 특정 자녀에게 더 자주 관심을 주거나 칭찬할 때 아이는 쉽게 소외감을 느낀다. 셋째, 감정 수용 부족이다. 아이가 질투심을 표현했을 때 "왜 그런 쓸데없는 질투를 해?" "넌 참 속이 좁다" 등으로 감정을 억누르면, 감정은 더 깊어지고 왜곡된다.

또한 시기와 질투를 무조건 억압하거나 혼내기만 한다면 다음과 같은 문제가 생길 수 있다.
① 형제/또래간 갈등 격화
② 낮은 자존감("나는 늘 부족한 아이야" "나는 사랑받지 못해")
③ 감정 조절 능력 미발달
④ 은근한 공격성 또는 비협조적 태도

이런 아이를 어떻게 도와줘야 할까? 첫째는 질투심을 인정해 주는 것이다. 즉 "동생이 엄마랑 놀아서 속상했구나"처럼 감정을 정확히 짚어주는 것이 우선이다. 감정을 인정받아야 조절할 힘이 생긴다. 둘째, 비교하지 말고 '각자'를 존중하자. "너는 너만의 멋진 점이 있어"처럼 비교 대신 아이의 고유한 장점을 찾아 말해주면 된다. 셋째, 역할 부여 & 참여시키기다. 질투가 날 상황(예: 동생과의 놀이)에서 도움을 줄 수 있는 역할을 주면, 질투보다 책임감이 자라난다. 넷째, 애정 표현의 '균형' 맞추기로 눈에 띄는 애정 표현보다 질적인 접촉(함께한 시간, 집중해 준 대화)이 중요하다. 다섯째, 긍정적 질투 경험을 설계하자. "친구가 상 받았으니까 부럽지? 그럼 너도 다음에 도전해 보자!"처럼 질투를 동기 부여의 감정으로 전환할 수 있다.

마무리하며 – 질투는 사랑받고 싶은 마음의 또 다른 이름
시기와 질투는 감정을 다룰 줄 아는 아이로 키우는 기회다. 이 감정이 '부끄럽고 나쁜 것'이 아니라 표현하고 조절할 수 있는 감정이라는 사실을 아이에게 가르쳐주는 것이야말로 정서적 성장의 '첫걸음'

이다. 아이는 사랑받고 싶고, 인정받고 싶고, 누군가의 마음속에 '나'라는 존재가 특별하길 바라는 마음에서 질투한다. 그 마음을 꾸짖기보다 '그럴 수도 있지' 하고 품어주는 순간 아이는 자신의 감정을 숨기지 않고 표현하는 법, 남을 시기하는 마음을 스스로 다스리는 법을 배우게 된다.

그렇기에 부모의 태도는 결정적이다. 감정을 '잘못된 것'으로 만들기보다는 감정이 지나가고 나면 어떻게 행동하고 관계를 회복할 수 있는지를 알려주는 감정의 교사가 되어야 한다. 이런 아이는 결국 더 섬세한 감정 이해 능력을 갖추게 되고, 남을 공감하고 도와줄 줄 아는 사람으로 성장하며, 감정을 잘 다루는 '자기 주도적 인간'으로 성숙해 나갈 수 있다. 그리고 그 출발은 바로 지금, 부모가 아이의 시기와 질투에 어떻게 반응하느냐에 달려 있다.

질투하는 아이를 혼내지 말라. 그 아이는 지금, 사랑받고 싶은 마음을 제일 솔직하게 표현하는 중이다. 그 감정을 혼내지 않고 다루는 법을 알려주는 것이 우리가 아이에게 줄 수 있는 가장 큰 선물이다.

✅ 체크리스트

최근 3개월 동안 자녀의 행동을 떠올리며, 해당하는 항목에 체크해 보세요.

❖ **아이의 정서적 반응**
- ☐ 다른 아이가 칭찬을 받으면 금세 삐치거나 표정이 어두워진다.
- ☐ 동생이나 또래와 비교되는 상황을 몹시 싫어하고 예민하게 반응한다.
- ☐ 친구의 장난감, 옷, 성적 등에 대해 자주 부러워하거나 욕심을 낸다.
- ☐ 친구나 동생이 잘되는 걸 보면 기뻐하기보다는 불쾌해하거나 슬퍼한다.
- ☐ "나만 왜 이래?" "왜 나만 안 돼?"라는 말을 자주 한다.

❖ **부모의 반응과 양육 방식**
- ☐ 아이에게 무심코 비교하는 말을 한 적이 있다. (예: "ㅇㅇ는 잘하는데 넌 왜…")
- ☐ 자녀에게 동일한 기준과 보상을 적용하지 못한 적이 있다.
- ☐ 아이의 시기나 질투 감정을 억누르거나 "그런 건 나쁜 거야"라고 단정 지은 적이 있다.
- ☐ 아이가 질투하는 상황에서 중재하기보다는 상황을 방치하거나 회피한 적이 있다.
- ☐ 아이가 다른 사람을 질투할 때 "너도 노력하면 되잖아" 식의 해결 중심 반응을 주로 한다.

❖ 환경적/관계적 요인

☐ 형제 사이에 경쟁이 잦고, 누가 더 사랑받는지를 따지는 일이 많다.
☐ 친구나 동료 집단 내에서 비교와 경쟁이 심한 환경에 노출되어 있다.
☐ 부모 중 한 명이라도 경쟁심이 강하거나 타인과 자주 비교하는 성향이 있다.
☐ 아이가 스스로 자존감이 낮다고 느낄 만한 상황이 있다.
☐ 최근 사랑받지 못한다고 느끼거나 소외감을 호소한 적이 있다.

📋 점검 결과 해석

0~3개: 아이는 시기와 질투를 감정의 일부로 자연스럽게 경험하고 있으며, 심각한 수준은 아니다. 부모가 감정을 수용하고 다루는 태도를 유지하면서 아이가 자존감을 높일 수 있도록 격려해 주면 된다.

4~6개: 시기와 질투가 일상생활이나 관계에 영향을 미치기 시작할 수 있는 단계다. 특히 부모의 무의식적 비교나 양육 태도에서 원인을 점검하고, 아이가 자신의 감정을 안전하게 표현할 수 있도록 '감정 코칭'이나 '자기표현 훈련'이 필요하다. 심리 상담 1~2회 정도를 통한 성향 파악을 권장한다.

7개 이상: 아이의 질투심은 정서 불안, 낮은 자존감, 안정적 애착 부족과 관련이 있을 수 있으며, 또래 관계 · 형제 관계 · 자기 정체감 형성에 부정적 영향을 미칠 가능성이 크다. 아래와 같은 상황이 동반된다면 전문가 상담이나 가족 상담을 적극 권장한다.

💬 전문가 상담이 필요한 경우

① 질투감이 공격성, 거짓말, 고립 행동 등으로 나타나는 경우
② 사랑받지 못한다는 말을 반복하거나 감정 기복이 심한 경우
③ 또래 관계에서 지속적인 갈등, 따돌림, 집단 부적응 등 발생할 때
④ 가족 내 비교나 편애가 반복되고 부모도 감정적으로 힘들다고 느낄 때

'엄마·아빠의 양육 방식이 다를 때' 대처 방법

– feat. 어떤 형태로든 일관된 메시지가 중요하다.

아이가 말을 거칠게 할 때 엄마는 단호하게 "그렇게 말하면 안 돼"라고 말한다. 그런데 아빠는 "애가 그럴 수도 있지, 너무 예민하게 굴지 마"라며 웃어넘긴다. 또는, 엄마는 공부보다는 놀이와 창의력을 중시하지만 아빠는 규칙과 성취를 강조한다. 이처럼 양육 방식의 차이는 대부분의 가정에 어느 정도 존재한다. 문제는 이 차이가 아이에게 서로 다른 기준, 이중적 메시지로 전달될 때 생긴다. 아이는 '도대체 어느 쪽 말을 들어야 하지?' '이럴 땐 엄마가 좋아, 저럴 땐 아빠가 좋네' 같은 식의 혼란이 생기고, 때로는 부모간의 틈을 이용하는 '눈치 전략'을 쓰기도 한다. 그렇다면 부모의 양육 방식이 다를 때 어떤 방향으로 조율하고 아이에게는 어떻게 설명해야 할까?

우선 인정해야 할 것은, 부모가 같을 수는 없다는 사실이다. 성격도 다르고, 자라온 환경도 다르며, 아이에 대한 기대도 각기 다르다. 한쪽은 규칙과 절제를 중시하고, 다른 쪽은 표현과 자율을 중요하게 생각할 수 있다. 이 차이 자체는 잘못이 아니다. 오히려 균형 잡힌 양육이 될 수 있는 장점이기도 하다. 하지만 서로 다른 태도가 아이에게 충돌로 느껴질 때 문제가 된다.

양육 방식이 다를 때 가장 바람직한 접근은 아이 앞에서 이견을 보이기 전에 부모끼리 미리 조율하는 것이다. 먼저, 아이 문제를 '둘(부모)만' 먼저 이야기한다. 예를 들어 '아이가 친구에게 화냈을 때 어떻게 대응하는 게 좋을까'를 가지고 서로의 이유를 듣고, 합의점을 찾는다. 다음은 완전히 같은 입장은 아니더라도 '일관된 원칙'을 세우는 것이다. 예를 들어 '화를 내는 방식은 자유로울 수 있지만 물리적인 폭력은 안 된다' 같은 기준을 세우는 거다. 또 역할 분담도 하나의 방법이다. 엄마는 감정적인 '케어'를, 아빠는 규칙적인 '루틴'을 담당하는 식으로 하면 된다. 합의가 어려울 때는 갈등이 아이 앞에서 드러나지 않도록 조심하는 것만으로도 절반은 성공이다.

완전히 일치하지 않더라도, 부모가 다르게 생각할 수 있다는 사실 자체를 자연스럽게 알려주는 것도 가능하다. 예를 들어, 이렇게 말할 수 있다. "엄마는 조금 더 조심스럽게 행동하는 걸 중요하게 생각해. 아빠는 좀 더 자유롭게 해보는 걸 중요하게 여겨. 너는 둘 다 들어보고 네 방식을 찾아갈 수도 있어." 이렇게 설명해 주면, 아이도 "세상엔 다양한 생각이 있구나"라는 것을 배우게 되고, 양쪽의 가치를 이해하면서 자기만의 기준을 세울 수 있게 된다. 단, 그 설명은 혼란을 줄이는 방향이어야 한다. "엄마 말만 들어!"나 "아빠는 다 틀렸어"처럼 어느 한쪽을 부정하지 않아야 한다.

주의해야 할 점

① 아이 앞에서 논쟁하지 않기 – 갈등이 드러날수록 아이는 '누가 이 길까'에 집중하게 되고, 감정적으로 불안해진다.
② 아이를 심판자로 만들지 않기 – "봐봐, 너도 아빠 말이 이상하다고 생각하지?" 같은 식으로 동의를 구하는 것은 아이에게 큰 부담을 준다.
③ '일관되지 않은 훈육'은 아이의 행동 조절력을 낮춘다. 오늘은 용서되고 내일은 혼나고… 이렇게 기준이 흐려지면 아이는 스스로 기준을 세우지 못한다.

마무리하며 – 서로 다르지만, 함께 한 방향을 바라볼 수 있다면

부모가 다르다는 건 결코 문제가 아니다. 오히려 세상을 균형 있게 바라보게 해줄 수 있는 가장 자연스러운 교육의 출발점이 될 수 있다. 중요한 건 그 다름이 '충돌'로 끝나는 게 아니라 '조율'로 이어지느냐 여부다. 아이에게 필요한 건 완벽한 부모가 아니다. 서로 다르지만 끝내 하나의 방향을 만들어가는 부모의 모습이다. 이것은 아이에게 세상에서 가장 소중한 감정을 심어준다. 바로 '세상은 혼란스럽지만 나는 안전하다'라는 감정이다.

그런 부모의 모습을 통해 아이는 갈등 속에서 조화를 찾는 힘, 서로 다른 견해를 포용하는 마음, 스스로 기준을 세워나가는 내면의 중심을 배워간다. 서로를 이해하려는 노력, 아이 앞에서 서로를 존중하는 말투, 아이 문제 앞에서 함께 고민하는 자세, 이 모든 것은 아이에게 무엇보다 강력한 '정서적 안정감'을 준다. 그 안에서 아이는 혼란이 아닌 신뢰의 토대 위에서 자라게 될 것이다.

부부가 완전히 같을 수도 없고, 같을 필요도 없다. 다르더라도 아이를 중심에 둔 대화와 협력의 자세만 갖춘다면 그 자체로 이미 훌륭한 양육의 길을 걷는 것이다. 아이에게 가장 좋은 환경은 '완벽한 일치'가 아니라 조율하고 이해하려는 부모의 태도 그 자체이다. 그것이 아이의 내면에 오랫동안 머물며, 아이를 지켜줄 가장 따뜻한 울타리가 되어줄 것이다.

✅ 체크리스트

양육 일관성 점검 체크

최근 3개월 내 가족 내 양육 상황을 기준으로 체크해 주세요.

❖ 양육 철학 및 태도 차이 항목
☐ 아이 문제에 대해 엄마와 아빠의 반응이 자주 상반된다.
☐ 한쪽은 엄격하게, 다른 한쪽은 지나치게 관대한 편이다.
☐ 훈육 기준이나 규칙을 정할 때 합의가 잘 이루어지지 않는다.
☐ 양육 갈등 후에도 서로 일관된 태도를 유지하지 못한다.
☐ 아이가 양쪽 부모의 차이를 자주 지적하거나 이용하려 든다.

❖ 갈등이 아이에게 미치는 영향 항목
☐ 부모의 양육 차이로 인해 아이가 혼란스러워하거나 불안해 한다.
☐ 부모 간의 갈등 상황이 아이 앞에서 자주 노출된다.
☐ 아이가 한쪽 부모에게만 지나치게 의존하거나 편향된다.
☐ 아이가 둘 사이에서 눈치를 보거나 중재 역할을 하려 한다.
☐ 엄마·아빠가 서로에 대해 비난하거나 무시하는 태도를 보인다.

❖ 소통 및 조율 노력 항목
☐ 아이 문제에 대해 정기적으로 부부간 대화를 시도하려 하지 않는다.
☐ 서로의 양육 방식을 존중하려는 태도가 없다.
☐ 양육 차이로 갈등이 생기면 해결보다는 회피하거나 감정적 대응을 한다.

☐ 아이 앞에서 하나의 일관된 목소리를 내려는 노력이 부족하다.
☐ 양육 갈등이 부부 관계의 스트레스로 이어지고 있다.

점검 결과 해석

0~4개: 큰 문제는 없으나 예방 차원에서 정기적인 대화와 기준 정립이 필요하다. 자녀 앞에서 일관된 태도 유지를 중점으로 조율해 주면 된다.

5~9개: 양육 가치관의 차이가 아이에게 혼란과 정서적 영향을 줄 수 있는 수준이다. 부부간 공동 기준 마련과 역할 조정이 요구된다.

10개 이상: 아이가 심리적 혼란 또는 편향된 애착 관계를 형성할 위험이 크다. 가족 상담, 부부 상담, 부모 교육 프로그램 참여를 권장한다.

전문가 상담이 필요한 경우

① 갈등이 심화되어 부부 관계 자체가 냉각 또는 단절 상태인 경우
② 아이가 양육자 사이의 대립을 조작하거나 이용하는 모습이 자주 관찰될 경우
③ 서로의 양육 방식에 대해 감정적 상처나 비난이 반복되는 경우
④ 아이가 한쪽 부모를 지나치게 거부하거나 과도하게 의존하는 모습이 나타날 때
⑤ 부모가 대화조차 피하며 회피적으로 양육을 이어가고 있는 경우

'엄마·아빠의 다정한 모습을 싫어하는 아이' 다루는 법

— feat. '오이디푸스 콤플렉스(Oedipus Complex)'에 대한 다양한 해석

"나는 아빠랑 결혼할 거야." "엄마는 내 거야. 아빠랑 뽀뽀하지 마." 어느 날 아이가 이렇게 말하며 엄마·아빠의 다정한 모습을 싫어하거나 질투하는 행동을 보인다면, 부모는 당황스럽기도 하고 어떻게 반응해야 할지 고민되기 마련이다. 이러한 행동은 아이의 성장과 심리 발달 과정에서 자연스럽게 나타나는 '단계'일 수 있으며, 그 안에는 아이의 정체성 형성과 애착 욕구, 독립 시도가 복잡하게 얽혀 있다.

이런 반응은 보통 3~6세 전후의 아이들에게 흔하게 관찰되는 심리적 현상이다. 프로이트의 심리성적 발달 이론에 따르면 이 시기를 '오이디푸스 콤플렉스'라고 부르기도 한다. 아이는 부모를 이성으로 인식하기 시작하면서 이성 부모에 대한 사랑, 동성 부모에 대한 질투나 경쟁심을 느낀다. 이는 결코 부도덕하거나 이상한 게 아니라 자아와 성 정체성의 기초를 세우는 과정이기도 하다. 또한 이런 행동은 단순히 성적인 의미가 아니라 부모의 사랑을 독점하고 싶은 욕

구, 애착이 강한 대상과의 분리 불안, 자기 존재에 대한 확신 욕구와 연결된 경우가 많다.

이런 아이들의 기질적·심리적 특징
① 정서적으로 민감하고 섬세한 편이다.
② 애착 욕구가 강하고, 부모의 반응에 민감하다.
③ 독립성과 애착 사이에서 혼란을 느끼기도 한다.
④ 때론 관심을 확인받기 위한 '질투 표현'일 수도 있다.

이런 아이들은 부모의 작은 반응에도 상처받거나 불안을 느끼기 쉬우므로, 조심스러운 접근과 꾸준한 안정감 제공이 필요하다.
아이가 하는 말을 성적 의미로 과도하게 해석하거나, 부끄러워하거나, "그런 말 하면 안 돼!" 하고 야단을 치면 안 된다. 이는 아이에게 수치심과 혼란을 줄 수 있다. 일부러 아이 앞에서 과도하게 애정행각을 벌이거나 아이를 놀리는 행동도 피해야 한다. "엄마는 아빠 거야~. 넌 안 돼~" 같은 말은 거절당한 느낌을 줄 수 있다. 또한 무조건 무시하거나 무관심한 태도도 좋지 않다. 아이는 자신이 '제외되었다'라고 느낄 수 있고, 이는 분노나 퇴행으로 이어질 수 있다.

바람직한 대응 방법은 첫째, 아이의 감정을 인정해 주기다. "엄마가 좋구나. 그래서 엄마랑만 있고 싶었구나." "아빠랑 엄마가 뽀뽀하니까 질투 났지?"처럼 감정을 받아주는 것만으로도 아이는 안정감을 느낀다. 둘째, 애착을 다시 '확인'시켜주기다. "엄마는 네가 세상에서 제일 소중해. 하지만, 아빠도 엄마에게 아주 소중한 사람이야." 부모의 애정은 줄어드는 것이 아니라 함께 커질 수 있는 것임을 알려주는 게 중요하다. 셋째, 균형 있는 '스킨십' 제공이다. 아이가 원할 때는 충분히 '스킨십'을 해주고, 놀이와 대화를 통해 사랑받고 있다는 느낌을 자주 주면 된다. 넷째, 자연스럽게 '역할 분화' 돕기다. "아빠는 엄마랑 결혼했고, 너와 난 아빠랑 다른 특별한 관계야." "넌 나의 소중한 아들이고, 엄마는 네가 잘 자라도록 도와주는 역할을 하고 있어"라고 말함으로써 점차 아이가 자신만의 역할과 위치를 인식할 수 있도록 돕는 것이 핵심이다.

대부분 이런 오이디푸스 반응은 아이가 자아 정체성과 성역할을 분화해 나가면서 서서히 약화한다. 보통 만 6~7세 전후가 되면, 아이는 부모의 애정을 독점하려는 경쟁심보다는 친구 관계나 또래 놀이에 더 관심을 가지게 되며, 감정의 초점이 점점 바깥으로 옮겨간다. 하지만 이런 반응이 지나치게 강하거나 너무 오랜 시간 지속된다면 한 번쯤 점검이 필요하다. 다음과 같은 경우가 그렇다.
① 초등학교 이후에도 엄마·아빠의 스킨십에 강한 거부 반응을 보이며 극단적인 질투심을 표현하거나, ② 이성 부모에게 집착 수준의 애정 표현을 계속 보이며 동성 부모와의 갈등이 지속되는 경우, ③ 또래와의 관계 형성에 어려움을 겪으며, 감정 표현 방식이 퇴행적으로 고착되는 경우다. 이런 경우엔 심리적 발달의 지연이나 애착 문제 혹은 자기 정체감 형성의 어려움이 배경일 수 있으므로 소아정신과 전문의나 아동심리 상담가와 상담을 받아 보는 것이 좋다. 중요

한 건, 단순히 행동을 문제 삼기보다는 아이의 마음이 어떤 지점에서 멈춰 있거나 결핍되어 있는지를 들여다보는 것이다.

마무리하며 – 아이 마음속 '작은 사랑'을 건강한 관계로 자라나게 하려면

부모의 다정한 모습을 싫어하고, "엄마는 내 거야" "아빠랑 결혼할 거야"라고 말하는 아이. 이러한 반응은 어른의 시선으로 보면 유치하고 귀엽게만 느껴질 수 있지만, 아이의 내면에서는 그보다 훨씬 복잡하고 깊은 감정의 소용돌이가 일어나고 있는지도 모른다. 이 시기의 감정은 한편으론 ① 자신이 '누구에게 중요한 존재인지'를 확인하고 싶은 마음, ② 부모의 사랑을 '잃지 않고 싶은' 마음, ③ 내가 어디에 속하고 있는지를 알고 싶은 '소속감'의 욕구다.

따라서 부모는 단순히 웃어넘기거나 무시하기보다는 그 감정 하나하나를 존중하고 따뜻하게 안아주는 태도가 필요하다.

"그렇게 느낄 수 있어" "엄마는 널 정말 사랑해. 그리고 아빠도 중요한 사람이야"처럼 감정의 공간을 열어주고 관계의 균형을 알려주는 것, 그것이 아이를 건강하게 '관계 안으로' 이끄는 힘이 된다. 부모의 사랑이 줄어들지 않으며, 사랑은 경쟁하거나 소유하는 게 아니라 함께 나누고 누리는 것임을 아이의 언어와 속도로 천천히 알려주라. 그 작은 사랑은 곧 자기 자신을 사랑하고, 타인과 건강한 관계를 맺는 힘으로 자라날 것이다.

✅ 체크리스트

최근 3개월 동안 아이의 반응과 가족 내 상호작용을 기준으로 체크해 주세요.

❖ 아이의 행동 및 정서 반응

- ☐ 엄마와 아빠가 다정하게 대화하거나 웃을 때 아이 표정이 굳거나 뚱해진다.
- ☐ 두 사람이 스킨십(포옹, 손잡기 등)을 하면, 아이 반응이 예민하거나 거칠어진다.
- ☐ 부모가 서로를 칭찬하거나 긍정적으로 표현하면 아이의 기분이 갑자기 나빠진다.
- ☐ 다정한 분위기 속에서 아이의 주의 요구 행동(울기, 짜증, 방해 등)이 증가한다.
- ☐ "엄마(또는 아빠)는 내 거야!"라는 말을 자주 하며 소유욕을 드러낸다.

❖ 애착과 관심 요구 신호

- ☐ 아이가 주로 한쪽 부모에게만 집착하거나 의존한다.
- ☐ 부모가 둘이 이야기하거나 시간을 보내면 아이의 불안감이 커 보인다.
- ☐ 다정한 장면 이후 아이의 행동이 퇴행(어리광, 아기 흉내 등)하는 모습이 있다.
- ☐ 부모간 애정 표현을 의도적으로 방해하거나 주의를 끌려 한다.

☐ 형제자매가 있는 경우, 경쟁심이나 질투심이 강하게 표현된다.

❖ 부모의 대응 및 관계 환경

☐ 평소 부모 중 한 사람이 아이 양육을 주도적으로 담당하고 있다.
☐ 아이와 함께 있을 때는 주로 부부 사이 대화가 단절되거나 최소화된다.
☐ 아이 중심의 생활 패턴이 부부 관계보다 우선시되어 왔다.
☐ 아이의 반응이 민감해져도 부모는 그것을 잘못된 행동으로만 받아들인다.
☐ 부부간의 애정 표현이 아이에게 갑작스럽게 느껴질 만큼 드문 편이다.

점검 결과 해석

0~4개: 큰 문제는 없으나 아이의 감정 반응에 민감한 관찰과 일관된 양육이 필요하다. 아이의 애착 욕구가 충분히 충족되고 있는지 점검해 주면 된다.

5~9개: 아이의 정서적 불안감 또는 독점 욕구가 강할 가능성이 있다. 부모와 자녀 사이의 애착 안정화, 부부 관계 시야 확보 훈련이 필요하다.

10개 이상: 아이가 부모간 관계에 대해 혼란, 불안, 소외감을 느끼고 있을 수 있다. 가족 상담 또는 부모-자녀 관계 중심의 심리 상담을 권유한다.

💬 전문가 상담이 필요한 경우

① 아이가 부모의 다정한 모습에 격한 분노나 폭력적 반응을 보일 때
② 부모 중 한 사람에게만 지나친 집착 또는 회피 행동을 보일 때
③ 아이가 "난 필요 없어" "나만 빼놓고 그래" 같은 말로 소외감을 반복적으로 표현할 때
④ 형제자매간 심한 경쟁, 분노, 물리적 다툼이 동반될 경우
⑤ 아이가 부모의 사랑을 확인받으려 극단적인 행동을 반복할 때

'밖에서는 입을 꾹 닫는 아이' 다루는 법

— feat. 선택적 함구증(Selective Mutism)에 대한 다양한 접근

집에서는 활발하고 수다스럽지만, 유치원이나 학교, 낯선 사람 앞에서는 말 한마디 하지 않는 아이들이 있다. 심지어 선생님이 질문해도 고개만 끄덕일 뿐 아무 말도 하지 않는다. 이 경우 단순히 수줍음이 많은 성격이 아니라 심리적 상태와 환경에 따라 발생하는 선택적 함구증(Selective Mutism)일 수 있다.

선택적 함구증은 특정 환경, 특히 사회적 상황에서만 말하지 않는 불안 기반의 심리적 문제이다. 미국 정신의학회(DSM-5)에서도 불안장애의 한 유형으로 분류하고 있으며, 보통 3~5세 전후에 처음 나타난다. 집에서는 잘 말하지만 유치원, 학교, 병원 등 공적인 장소나 낯선 사람 앞에서는 거의 말하지 않는 것이 특징이다. 이것은 의도적인 침묵이나 반항이 아니라 심리적인 두려움이 아이의 언어 표현을 억제하는 상태다.

선택적 함구증의 원인은 단일하지 않고 여러 요소가 복합적으로 작용한다.

(1) 기질적 요인
① 예민하고 내향적인 성격
② 감각 처리에 예민한 아이
③ 낯선 상황에서 긴장을 많이 느끼는 아동

(2) 불안 관련 요인
① 사회불안이 매우 강한 경우
② 타인의 평가에 대한 민감함(실수에 대한 두려움)

(3) 가족 환경 요인
① 과잉보호, 불안한 양육 태도
② 부모 중 한 명 이상이 내향적이거나 불안 성향이 강한 경우
③ 지나치게 높은 기대, 강한 통제 등으로 인한 말실수에 대한 두려움

이런 아이들의 행동 특징은 ① 유치원에서 하루 종일 말이 없는 반면, 집에서는 장난치며 말이 많다. ② 모르는 사람 앞에서는 얼굴을 붉히고 얼어붙는다. ③ 질문에 대답하지 못하고 도망치려 하거나 눈을 피한다. ④ 말을 못 하는 상황에서 손짓, 고개 끄덕이기 등 몸으로만 의사 표현을 하려 한다.

이럴 때 부모가 해서는 안 되는 행동이 몇 가지 있다.
① "왜 대답 안 해?"
② "너는 왜 밖에만 나가면 말을 안 하니?"
③ "이럴 거면 유치원 왜 가니?"
이렇게 아이를 질책하거나 몰아붙이는 태도는 상황을 악화시킨다.

반면에 바람직한 행동은 다음과 같다.
① 아이의 불안감에 공감해 주기. 예를 들면 "낯선 곳에서 말하는 게 어려울 수 있어. 괜찮아, 엄마가 옆에 있을게" 등이다.
② 아이가 말하지 않아도 압박하지 않고 기다려주는 태도
③ 사회적 상황을 조금씩 연습할 수 있는 환경 만들기. 예를 들면 아이와 단둘이 짧은 시간 함께 있어 보기(1단계), 점차 다른 아이들과 활동해 보기(2단계) 등이다.

일시적인 수줍음이나 적응의 문제와는 달리 3~6개월 이상 사회적 상황에서 말이 없고, 학교(유치원)생활이나 또래 관계에 어려움이 생긴다면 전문적인 개입이 필요하다.
해당 기관은 소아정신건강의학과, 아동 심리상담센터 등이고, 검사 항목은 언어 능력, 불안 수준, 사회성 발달, 기질 검사 등이다.
선택적 함구증 치료 방법은 다음과 같은 것들이 있다.

(1) 인지행동치료(CBT): 아이가 말하지 않는 상황에 천천히 노출시켜 불안을 줄이고 긍정적 경험을 쌓아가는 치료법이다.

(2) 놀이치료: 말이 아닌 놀이를 통해 아이의 감정과 생각을 표현하게 도와주며, 자기표현 능력과 감정 조절력을 향상시킨다.
(3) 부모 교육 병행: 부모의 불안이나 압박이 아이에게 영향을 줄 수 있으므로 부모도 어떻게 기다리고 격려할 것인지에 대한 교육이 필요하다.

마무리하며 – '말'보다 더 중요한 건 '마음'

아이들이 밖에서 말을 하지 않으면 '이 아이는 말을 안 해서 문제야'라고 생각하기 쉽다. 하지만, 이 아이들은 '말을 안 하는 게' 아니라, '말을 할 수 없을 만큼 불안한 상태'에 놓여 있는 것이다. 우리가 보아야 할 것은 아이의 침묵이 아니라 그 침묵 속에 담긴 마음의 떨림이다.

'선택적 함구증'을 겪는 아이들은 마치 '투명한 유리벽' 안에 갇힌 것처럼 보인다. 말하고 싶지만 입술이 얼어붙고, 심장이 쿵쾅거리며, 그 벽을 뚫고 세상과 연결되기엔 너무 무섭고 어렵다. 부모가 할 수 있는 가장 중요한 역할은 그 벽을 깨는 게 아니라 그 너머에서 아이와 눈을 맞추고, 기다려주는 것이다.

"왜 말 안 해?" "답 좀 해봐"라는 말 대신 "괜찮아. 네가 준비될 때 말해도 돼" "엄마는 지금도 네가 자랑스러워"라는 따뜻한 수용의 언어가 필요하다. '말'은 결국 신뢰 위에서만 자라나는 꽃이다. 아이의 마음에 안전이라는 뿌리가 내리고 사랑이라는 햇살이 비추기 시작하면, 어느 날 문득 아이의 목소리가 피어난다. 그것은 단순히 소리의 시작이 아니라 자신을 세상에 내보일 수 있는 용기의 첫걸음이다.

그러니 부모는 말을 끌어내는 사람이 아니라 마음을 지켜주는 사람이어야 한다. "지금은 괜찮아. 널 믿고 기다릴게." 그 믿음 하나면 된다. 시간이 걸려도 괜찮다. 침묵은 때로는 마음이 자라는 시간이다. 조용히 열리는 말문은 아이의 내면세계와 바깥세상을 연결해 주는 가장 따뜻하고 건강한 다리가 되어줄 것이다. 우리는 그 다리가 놓이기를, 오늘도 변함없이 기다려주면 된다.

✅ 체크리스트

최근 3개월 동안 아이의 행동을 중심으로 체크해 주세요.

❖ 아이의 외부 반응

- ☐ 친척 집이나 낯선 곳에서는 인사조차 하지 않으려 한다.
- ☐ 또래 친구들이 있어도 관찰만 하며 말은 거의 하지 않는다.
- ☐ 교사나 보호자가 이름을 불러도 반응이 없을 때가 있다.
- ☐ 유치원, 어린이집 등에서 말수가 거의 없다는 얘기를 자주 듣는다.
- ☐ 다른 공간에서는 주로 부모를 통해 간접적으로 의사를 표현한다.

❖ 집 안에서의 반응

- ☐ 집에서는 활발하게 말하거나 소통하려는 모습을 보인다.
- ☐ 특정한 사람(엄마, 아빠 등)에게만 말을 많이 하는 편이다.
- ☐ 상황극이나 장난감 놀이에서는 말을 유창하게 이어가는 편이다.
- ☐ 집 밖에서는 침묵하지만 집에 와서는 외부 이야기를 잘 풀어낸다.
- ☐ 말 대신 표정이나 몸짓으로 의사를 표현하려는 경향이 있다.

❖ 부모의 양육 태도 및 환경

- ☐ 아이가 조용하거나 낯을 가릴 때 다그치거나 부끄러워한 적이 있다.
- ☐ 낯선 사람 앞에서 "얘는 왜 이렇게 말을 안 하지?"라고 말한 적이 있다.
- ☐ 평소 감정 표현보다 성과, 예절을 더 강조하는 편이다.
- ☐ 외부에서 말을 안 하면 아이를 대신해 말해 주는 일이 잦다.

☐ 아이가 말을 안 해도 그 상황을 그냥 넘기는 경우가 많다.

📋 점검 결과 해석

0~4개: 일시적인 낯가림일 수 있으며 큰 걱정은 없다. 아이의 감정을 존중하며 사회적 자신감을 기를 기회를 마련하면 된다.

5~9개: 낯가림을 넘어서 사회적 위축, 선택적 침묵 경향이 있을 수 있다. 양육 태도 점검과 언어 표현 훈련, 관계 맺기 놀이가 필요하다.

10개 이상: 선택적 함구증 혹은 사회불안 장애의 가능성이 있다. 아동심리 상담, 언어·사회성 평가 등 전문가의 진단을 권장한다.

💬 전문가 상담이 필요한 경우

① 집에서는 말을 잘하지만 학교나 유치원 등 특정 환경에서만 완전히 침묵할 경우

② 6개월 이상 이런 현상이 지속되고, 아이 스스로 불편감을 표현할 경우

③ 외부 인물 앞에서는 심하게 경직되거나 긴장 반응을 보일 경우

④ 아이가 외부에서의 말하기를 회피하거나 두려워할 때

'늘 대장이 되고 싶어 하는 아이' 다루는 법

— feat. 먼저 '리더십'과 구별이 필요하다.

유독 모임이나 놀이 상황에서 항상 주도권을 쥐고 싶어 하는 아이들이 있다. 이들은 놀이 규칙을 정하려 하고, 다른 아이들을 통제하려 하며, 자신이 중심에 서지 못하면 불편해한다. 부모는 "우리 아이 '리더십'이 있네" 하고 흐뭇하게 바라보기도 하지만, 어느 순간부터 또래 아이들과의 마찰이나 친구 관계의 불균형으로 문제가 생기기 시작한다.

'늘 대장이 되고 싶어 하는 성향'은 크게 두 갈래로 나누어 볼 수 있다.

(1) 진짜 '리더십'의 싹일 경우

다른 아이들을 돌보고, 전체 상황을 조율하며, 책임감 있게 행동하는 아이다. 이런 아이는 자기가 대장이 아니어도 불편해하지 않고, 필요할 때 나선다.

(2) 과도한 '관심 욕구'나 '통제욕'에서 비롯된 경우

자기 뜻대로 되지 않으면 화를 내고, 지기 싫어하고, 친구를 지배하려는 행동을 반복한다. 이는 '리더'라기보다 '통제자'에 가까운 모습이다.

이 두 가지는 양상은 비슷해 보이지만 내면의 동기가 다르다. 따라서 '리더십'으로 착각하고 방치하면 아이는 또래 사이에서 고립되거나 왕따가 되기 쉬운 위험에 놓이게 된다.

이런 아이들의 특징

(1) 기질적 특성
① 타고난 주도성, 활동성, 의사표현 능력이 강한 아이
② 경쟁심이 높고, 이기고 싶어 하는 욕구가 강함
③ 좌절을 참기 어려운 성향

(2) 심리적 배경
① 부모의 기대에 부응하려는 과잉 순응
② "네가 제일 잘했어"라는 칭찬에 중독된 아이
③ 형제간 경쟁에서 인정받기 위해 혹은 외로움과 불안을 감추기 위해

(3) 환경적 영향
① 항상 1등만 칭찬하는 분위기
② 어른이 아이의 의견을 너무 자주 따르며 '작은 왕'처럼 키운 경우
③ 친구가 적거나 또래놀이 경험이 부족해 자신만의 규칙을 강요하게 된 경우

부모가 조심해야 할 양육 태도
① "그래도 우리 아이는 리더예요." → '리더'와 '지배자'를 혼동하지 말라.
② "얘가 정해야 놀지, 안 그러면 다 싸워요." → 아이가 아닌 구조를 바꿔야 한다.
③ "친구가 싫다고 해도, 넌 이렇게 하는 게 맞아." → 또래간의 상호작용을 존중해 주라.

부모가 '내 아이의 자존감'만 생각하다 보면 '다른 아이들의 자존감'은 무시하기 쉽다. 아이는 사회 속에서 살아간다. 혼자 잘하는 것보다, 함께 잘 지내는 능력이 훨씬 중요하다.

이런 아이는 이렇게 도와주세요.
첫째, 감정 언어 가르치기. "네가 친구들을 이끌고 싶은 마음이 있구나"처럼 감정을 말로 표현할 수 있게 해주면 된다. 둘째, 협상과 순서 정하기 놀이다. "오늘은 친구가 정해보고, 내일은 네가 정해보자"라는 식으로 주도권을 번갈아 가지는 경험이 필요하다. 셋째, '같이

놀기' 배우기. 그룹 놀이 중 역할 바꾸기, 팀으로 함께 성취하는 과제를 주면 좋다. 나만 돋보이는 것이 아닌, 함께 재미를 느끼는 경험을 하게 하면 된다. 넷째, 규칙을 만들 때는 모두의 의견이 반영되도록 한다. 놀이나 게임의 규칙을 정할 때는 아이들끼리 돌아가며 의견을 나누고 정하게 해보는 거다.

아이의 모습에서 놓치지 말아야 할 신호들이 있다. ① 친구가 자꾸 멀어지거나, 놀이에 끼워주지 않는 경우, ② 아이가 친구들을 지적하거나, 리드하지 못하면 화를 내는 경우, ③ '왕따'를 당하거나 따돌림을 유발하는 중심에 있는 경우다. 이런 경우에는 전문가 상담이 필요할 수도 있다. 특히 사회성 훈련, 감정 조절 훈련이 도움이 될 수 있다.

마무리하며 – 진짜 리더십은 자존감에서 시작된다.

'늘 대장이 되고 싶어 하는 아이'는 단지 앞에 나서고 싶은 아이가 아니다. 자신의 존재감을 확인받고 싶은 아이, 주변에서 인정받고 싶은 아이 그리고 안정된 통제감을 통해 불안을 줄이고 싶은 아이일 수 있다. 아이가 자꾸 대장을 하려는 이유는 다양하지만, 그 뿌리에는 '나는 소중해'라는 느낌을 스스로 얻기 어려운 내면이 있을 수 있다. 그러므로 부모가 아이의 '겉모습'만 보고 혼내거나 무시하기보다는 아이의 내면에 담긴 불안과 욕구를 먼저 이해하는 자세가 필요하다.

아이에게는 이렇게 말해 주라. "대장이 아니어도 너는 충분히 멋진 아이야." "친구랑 함께할 때 더 재미있는 일도 많아." "내가 널 믿듯이, 너도 친구들을 믿어볼래?"

이런 따뜻한 말은 아이의 내면 자존감을 자라게 한다. 그리고 그 자존감은 아이가 자연스럽게 친구를 리드하는 힘, 진짜 의미의 '리더십'으로 발전해 갈 수 있도록 도와줄 것이다. 부모는 아이가 '무조건 이기려고 하는 아이'가 아닌, '함께 어울리고 조율할 줄 아는 아이'로 자랄 수 있도록 조력하는 사람이 되어야 한다. 조금 느리더라도 함께 배우며 성장해 가는 과정이 가장 값진 리더십 훈련이다.

✅ 체크리스트

최근 2~3개월 동안 아이의 행동을 떠올리며 체크해 주세요.

❖ 아이의 또래 관계에서의 행동
☐ 놀이에서 항상 자기가 리더 역할을 맡으려 한다.
☐ 역할놀이에서 역할을 나눌 때 자주 갈등이 생긴다.
☐ 자신이 제안한 놀이 방식이 거절되면 쉽게 화를 낸다.
☐ 친구가 다른 아이를 따를 때 질투하거나 기분이 상한다.
☐ 자기 뜻대로 되지 않으면 놀이에서 빠지거나 삐친다.

❖ 성격 및 감정 조절 특성
☐ 지시하거나 통제하는 말투를 자주 사용한다.
☐ 자기주장이 강하고 양보를 어려워한다.
☐ 협동보다는 주도권을 갖는 데 더 관심이 많다.
☐ 경쟁 상황에서 지나치게 예민하거나 '승부욕'이 강하다.
☐ 자신의 의견을 따르지 않으면 상대를 무시하거나 소외시키려는 경향이 있다.

❖ 가정 내 역할 및 부모 반응
☐ 집에서도 형제자매나 친구에게 명령조로 말하는 일이 잦다.
☐ 평소 아이의 요구를 빠르게 수용하거나 우선시해 주는 편이다.
☐ 아이에게 스스로 선택하고 결정할 기회를 과도하게 주는 편이다.
☐ 아이가 원하는 대로 되지 않을 때 크게 좌절하거나 통제가 어려

운 모습을 보인다.
☐ 아이가 대장이 되지 못한 경험 후 지속적인 짜증, 불안, 회피 행동을 보인 적이 있다.

📋 점검 결과 해석

0~5개: 대장이 되고 싶어 하는 경향은 있지만 건강한 자기표현일 가능성이 크다. 친구들과의 상호작용에서 균형 있는 리더십을 격려해 주면 된다.

6~10개: '리더십'과 '통제욕'이 혼재된 상태일 수 있다. 감정 조절, 협동 놀이 훈련을 통해 공감력과 유연성을 키워주면 된다.

11개 이상: 통제 욕구, 과도한 자존감 방어, 불안 등이 심리적 요인으로 작용할 수 있다. 양육 태도 점검과 함께 놀이치료, 사회성 훈련, '감정 코칭'이 필요할 수 있다.

💬 전문가 상담이 필요한 경우

① 친구와의 갈등이 반복되거나 따돌림 중심에 있는 경우
② 놀이에서 자기 뜻대로 되지 않으면 극단적인 분노, 퇴행, 회피 행동을 보이는 경우
③ 다른 아이를 지배하거나 무시하는 태도가 자주 나타나는 경우
④ 집단 놀이나 사회적 상황에서 적응이 어렵고, 감정 조절에 지속적인 어려움을 보이는 경우
⑤ 부모가 양육에 대한 무력감이나 불안감을 자주 느끼는 경우

Chapter 6.

음식과 일상의 조절이 어려운 아이

– 조화로운 생활 습관 만들기

아이의 식탐을 '나쁜 습관'으로 단정 짓기보다는
그 이면에 숨은 '정서적 신호'로 받아들이고,
부드럽고도 단호한 방식으로
아이를 도와주는 것이 필요하다.

'식탐이 많은 아이' 다루는 법

— feat. 단순히 식성의 문제만은 아니다.

"먹는 걸 너무 좋아해서 걱정이에요." "배가 불러도 계속 먹고 싶어 해요." "밥 먹은 지 한 시간도 안 됐는데 간식을 또 찾네요."
이처럼 식탐이 많은 아이를 둔 부모들은 아이의 건강, 체중 그리고 장기적인 식습관 문제에 대해 고민하게 된다. 하지만 식탐은 단순히 '입이 짧다' '많이 먹는다'라는 식성의 문제로만 볼 수 없다. 식탐의 배경에는 다양한 심리적, 신경·생리학적 원인이 숨어 있다.
식탐이 많은 아이의 일반적 특성은 무엇보다 식사 외의 시간에도 끊임없이 먹을 것을 찾는 음식에 대한 강한 집착이 있다. 이미 배가 부른 상태에서도 더 먹고 싶어 하는 지속적인 섭취 욕구가 있다. 음식이 감정 조절 수단이 되는 경우로 슬프거나 지루할 때도 무언가를 먹으려 한다. 어른이 보지 않을 때 몰래 군것질을 하기도 한다.

식탐이 많은 심리학적 원인은 첫째, 정서적 결핍이다. 사랑, 주의, 관심에 대한 욕구가 충족되지 않을 때, 음식이 그 결핍을 메우는 대체재가 될 수 있다. 특히 외로움이나 불안함을 느낄 때 먹는 것으로 위안을 삼는다. 둘째, 감정 조절 미숙이다. 아이는 아직 자신의 감정을 언어로 표현하거나 조절하는 능력이 미숙하다. 이때 음식을 통해 위안을 얻으려는 시도가 식탐으로 나타날 수 있다. 셋째, 보상적 먹기다. 처벌이나 실망, 실패 후에 위로받기 위해 음식에 집착할 수 있다. 혹은 칭찬과 보상의 수단으로 음식이 자주 사용되면, 음식 자체가 정서적 반응을 유도하는 도구가 되기도 한다.

신경생리학적 원인은 먼저, 도파민 보상 시스템과 관련이 있다. 맛있는 음식을 먹을 때 뇌에서는 도파민이라는 쾌락 호르몬이 분비된다. 어떤 아이들은 이 보상 시스템이 과도하게 활성화되어 음식에 대한 충동이 더 강하게 나타난다. 다음은 감각 민감성으로 특정한 맛이나 질감에 특히 민감하게 반응하는 아이들은 그 감각적 즐거움 때문에 계속해서 먹고자 하는 욕구를 느낀다. 또한 수면 부족과 식욕 호르몬의 변화와 관련 있다. 수면이 부족하면 식욕을 조절하는 렙틴과 그렐린 호르몬의 균형이 깨져 과식을 유도하기도 한다.

식탐이 지속될 경우 무엇보다도 소아 비만의 위험성이 높아진다. 식탐은 체중 증가로 이어지기 쉬우며, 이는 고혈압, 고지혈증, 관절 통증 등 여러 문제를 동반할 수 있다. 또한 소아 당뇨 및 대사증후군으로 이어질 수 있다. 인슐린 저항성, 혈당 문제로 이어질 수 있어 조기 진단과 관리가 필요하다. 다음은 자존감 저하 및 또래 관계 문제로 외모에 대한 놀림이나 따돌림으로 이어질 수 있으며, 자기 몸에 대한 부정적 인식이 형성될 수 있다.

식탐이 많은 아이는 이렇게 도와줄 수 있다.

첫째, 감정 읽기와 언어화 도와주기다. 아이가 슬픔, 외로움, 지루함 같은 감정을 음식이 아닌 말로 표현하도록 도와준다. "속상했구나. 그래서 뭐라도 먹고 싶었구나"라고 감정을 먼저 알아차려 주는 것이 중요하다. 둘째, 정해진 식사와 간식 시간 유지로 자유로운 섭취보다 예측할 수 있는 식사 루틴을 만들면 신체와 심리 모두에서 안정을 느끼게 된다. 셋째, 대체 활동 제공이다. 음식 외의 즐거움과 위안의 방법을 찾아보자. 산책, 그림 그리기, 함께 책 읽기, 놀이 등으로 감정을 해소하는 경험을 만들어준다. 넷째, 음식 보상 피하기다. "말 잘 들으면 사탕 줄게" 같은 방식은 음식에 대한 집착을 강화한다. 그대신 관심과 공감, 시간을 보상으로 제공하자. 다섯째, 가족 전체의 식습관 점검이다. 아이의 식습관은 가정 분위기와 밀접하게 연결되어 있다. 가족 모두가 건강한 식습관과 감정 표현 방식을 함께 실천하는 것이 중요하다.

마무리하며 – 채우고 싶은 건 배가 아니라 마음일지도 모른다.

식탐이 많은 아이를 바라볼 때, 단순히 '먹는 양'이나 '음식에 대한 집착'에만 초점을 맞추기 쉽다. 하지만 그 속을 깊이 들여다보면 아이가 충분히 채워지지 못한 '정서적 허기'나 '불안감' 또는 '주의를 끌고 싶은 마음'이 숨어 있을 수 있다는 점을 간과해서는 안 된다.

먹는 것은 인간의 가장 기본적인 욕구인 동시에 감정을 대리적으로 표현할 수 있는 가장 손쉬운 방법이다. 아이가 무엇을 그렇게 채우고 싶어 하는지, 어떤 상황에서 더 많이 먹으려 하는지를 살펴보는 것이 중요하다. 때론 '엄마의 관심', '불안한 마음', '스트레스를 해소하고 싶은 욕구'가 식탐이라는 행동으로 표출되는 경우도 많기 때문이다.

부모는 단지 "그만 먹어!"라고 제지하는 것을 넘어서, 아이가 왜 그러는지 이해하고 공감하는 자세를 가져야 한다. 때로는 식사 시간 외에도 아이의 감정을 안정시켜 줄 수 있는 놀이, 대화, 신체 접촉이 식탐을 줄이는 데 중요한 역할을 한다. 또한 건강한 식사 습관을 형성하기 위한 일관된 규칙과 안정적인 가정의 분위기도 필수다.

무엇보다 아이의 식탐을 '나쁜 습관'으로 단정 짓기보다는 그 이면에 숨은 '정서적 신호'로 받아들이고, 부드럽고도 단호한 방식으로 아이를 도와주는 것이 필요하다. 부모의 세심한 관심과 균형 잡힌 양육이 아이를 음식에 의존하지 않아도 되는 '정서적으로 건강한 아이'로 이끌 수 있다.

✅ 체크리스트

최근 1~2개월간 아이의 식습관 및 행동을 떠올리며 체크해 주세요.

❖ 식탐과 관련된 행동
☐ 배가 부른 상태인데도 더 먹고 싶어 하며 그만두지 못한다.
☐ 음식을 혼자 몰래 먹거나 숨겨 놓고 먹는다.
☐ 다른 사람의 음식까지 가로채거나 집착하는 모습을 보인다.
☐ 음식을 먹을 때 매우 빠르게, 급하게 먹는다.
☐ 음식이 없을 때 불안해하거나 짜증, 분노를 드러낸다.

❖ 감정과 식탐의 연결
☐ 심심할 때나 스트레스를 받을 때 음식을 찾는다.
☐ 화가 나거나 속상할 때 먹는 것으로 위로받으려 한다.
☐ 감정을 말로 표현하지 않고 음식으로 해소하려는 경향이 있다.
☐ 식사를 거부한 뒤 간식이나 특정 음식만 계속 요구한다.
☐ 음식을 통해 사랑이나 관심을 얻으려는 듯한 태도를 보인다.

❖ 건강 및 생활 패턴
☐ 식탐 때문에 체중 증가가 급격하게 나타나거나 소아 비만 소견이 있다.
☐ 음식에 대한 집착 때문에 놀이, 공부, 또래 관계에 집중하지 못한다.
☐ 식사 외 시간에도 음식을 계속 요구하거나 냉장고를 자주 열어본다.

☐ TV, 유튜브, 게임을 하며 무의식적으로 과식을 자주 한다.
☐ 식사 제한 시 폭력적이거나 강한 감정 반응을 보인 적이 있다.

📋 점검 결과 해석

0~4개: 일시적인 식탐 또는 발달 과정에서 흔히 나타날 수 있는 행동이다. 음식에 관한 관심을 놀이, 대화, 신체활동 등으로 분산시켜 주면 된다.

5~8개: 아이가 음식을 감정의 도피처로 사용하는 '감정적 과식' 경향이 있다. 부모의 반응 방식, 양육 태도, 감정 코칭의 점검이 필요하다.

9개 이상: 아이의 식탐이 심리적 불안, 감정 조절 문제 혹은 섭식 장애 전조로 의심될 수 있다. 다음과 같은 경우에는 전문가 상담이 권장된다.

💬 전문가 상담이 필요한 경우

① 음식 섭취로 감정을 조절하거나 통제하려는 경향이 강한 경우
② 식사 중단 시 과한 분노, 불안, 정서적 혼란을 보이는 경우
③ 체중이나 건강 상태에 영향을 주는 과식 또는 편식이 동반된 경우

'음식을 잘 먹지 않는 아이' 다루는 법

– feat. '음식 섭취'를 놀이처럼 해보면 달라지지 않을까?

아이들이 음식을 잘 먹지 않으면 부모는 당황하고 걱정부터 앞선다. 하지만 단순히 입맛이 까다롭기 때문만은 아니다. 이 문제는 심리적 요인, 환경적 배경, 기질적 특성 등 다양한 요소가 복합적으로 작용한 결과일 수 있다.

잘 먹지 않는 아이의 주요 특징은 다음과 같다.

① 감각에 민감한 아이: 질감, 냄새, 온도에 예민해 낯선 음식에 거부감을 가지는 경우다. 예를 들면 국물에 밥이 말아져 있는 것을 싫어하거나, 물컹한 식감의 채소를 거부한다.

② 통제 욕구가 강한 아이: 식사 자체를 '자율성'의 영역으로 인식하는 경우다. "먹기 싫어!" 혹은 "이건 안 먹어!"라고 자기주장을 표현하는 방식일 수 있다.

③ 주의가 산만한 아이: 식사 중 집중이 어렵고, 한두 입 먹다가 자리를 이탈하는 아이다. TV나 장난감에 쉽게 주의를 빼앗긴다.

④ 불안하거나 위축된 아이: 식사 시간에 잦은 잔소리, 강요, 긴장된 분위기로 인해 식사 자체를 스트레스로 인식하는 경우다.
⑤ 편식하는 아이: 특정 색이나 향, 모양의 음식만 고집하고, 새로운 음식을 시도하는 것에 두려움이 있는 경우다.

음식을 거부하는 원인은 다양하다.
① 심리적 요인: 스트레스, 불안, 부모와의 갈등, 동생과의 경쟁심 등
② 발달적 요인: 자율성 확립 단계(2~5세)에서의 자연스러운 거부 반응
③ 감각 처리의 어려움: 소리, 맛, 냄새 등에 과민반응(감각통합 이슈와 관련될 수 있음)
④ 환경적 요인: TV 보며 식사, 혼자 먹는 식사, 일정하지 않은 식사 시간 등
⑤ 의학적 요인: 구강 근육의 발달 지연, 미각 이상, 위장 질환 등(소아과 상담 필요)

이런 아이들의 경우 중요한 것은 첫째, 억지로 먹이려 하지 말아야 한다. 강압은 식사 자체를 부정적인 기억으로 남긴다. 둘째, 꾸중보다는 공감으로 접근하기다. "왜 안 먹어?"보다 "어떤 것 때문에 먹기 싫었어?"라는 말로 바꾸어야 한다. 셋째, 비교하지 않기다. "동생은 잘 먹는데 넌 왜?" 이런 식의 말은 아이의 자존감을 깎아내릴 뿐이다. 넷째, 식사를 일상 속 '의무'가 아닌 '경험'으로 만들기다. 놀이처럼, 실험처럼 접근하면 거부감이 줄어들 수 있다.

아이의 식습관을 위한 실천 팁

① 음식 놀이

음식 모양 만들기, 색깔 맞추기, '맛 탐험 게임' 등으로 흥미 유도. 감각이 민감한 아이일수록 촉감부터 익숙해지는 것이 중요하다.

② 선택권 주기

"브로콜리와 당근 중 어떤 걸 먹을래?"처럼 주도성을 높이면 먹는 확률도 높아진다.

③ 부모가 먼저 '즐겁게' 먹기

식사에 대한 긍정적 '모델링'은 강력한 메시지가 된다.

④ 새로운 음식은 '한 입만'으로 시작

'한입 도전 스티커판' 같은 놀이 요소를 활용해 도전 의욕을 높인다.

⑤ 식사 시간은 짧고 단순하게

너무 길거나 산만한 식사 시간은 아이를 지치게 한다. 보통 20~30분 이내를 권장한다.

다음과 같은 행동이 지속된다면 전문가 상담이 필요할 수 있다. ① 체중이 눈에 띄게 줄거나 체중이 늘지 않을 때, ② 2~3가지 음식 외엔 거의 먹지 않는 극단적 편식을 할 때, ③ 식사 자체를 반복적으로 회피하거나 거부할 때, ④ 감각이 너무 예민해서 일상생활에 지장을 줄 때는 소아정신과, 발달클리닉, 감각통합치료사 등의 도움을 받아 보는 게 좋다.

마무리하며 – '먹는 것'은 사랑받고 있다는 메시지다.

아이에게 '식사'는 단순히 배를 채우는 행위가 아니다. '사랑받는 느낌', '안정감', '소속감', '자율성'을 경험하는 중요한 시간이다. 그래서 아이가 잘 먹지 않는다는 건 단순한 편식의 문제가 아니라 정서적 연결의 신호일 수도 있고, 부모와 아이 사이의 관계 방식이 반영된 결과일 수도 있다. '한 끼를 안 먹었다고 당장 아이의 건강에 큰 문제가 생기진 않지만, 그 식사 시간에 주고받은 감정은 오래 남는다'라는 사실을 기억하라.

음식을 거부하는 아이를 보며 당황하고, 속상하고, 자꾸 잔소리하게 되는 건 자연스러운 반응이다. 하지만 그럴수록 아이의 속마음에 한 걸음 더 다가가려는 시도가 필요하다. 아이는 말보다 행동으로, 입보다 표정으로, 접시보다 마음으로 신호를 보낸다. "이 음식 싫어!"는 어쩌면 "내 마음 알아줘!"라는 요청일 수 있다.

부모가 바라는 '잘 먹는 아이'는 단지 식욕이 좋은 아이가 아니라, 식탁 앞에서 마음을 열고 가족과 함께 즐거움을 느낄 수 있는 아이일 거다. 그러니 너무 조급해하지 마라. 억지로 한 입을 넣는 것보다 아이가 스스로 한 입을 선택하는 과정이 훨씬 중요하다. 그 선택을 가능하게 해주는 환경, 그 시간을 기다려 줄 수 있는 여유가 바로 우리가 줄 수 있는 가장 좋은 '영양제'일지 모른다. "먹기 싫어"라는 말 뒤에는 '나는 지금 어떤 기분일까'라는 질문이 숨어 있다. 아이의 속마음을 향한 따뜻한 호기심으로 식사 시간을 다시 만나보기를.

☑ 체크리스트

최근 2~3주 사이 아이의 식사 행동을 떠올리며 체크해 주세요.

❖ 아이의 식사 행동

☐ 식사 시간마다 자리를 뜨거나 도망가려 한다.
☐ 입에 음식을 물고 오랫동안 씹지 않거나 삼키지 않는다.
☐ 배가 고파도 먹으려 하지 않거나 한두 입 먹고 끝낸다.
☐ 밥보다 간식, 음료, 우유 등에 더 의존하는 편이다.
☐ 특정 음식(색깔, 모양, 질감 등)에 대해 지나치게 거부 반응을 보인다.

❖ 아이의 식사 태도 및 정서

☐ 식사 중 짜증을 내거나 갑자기 울음을 터뜨리는 경우가 있다.
☐ "먹기 싫어" "배불러" "입맛 없어"라는 말을 자주 한다.
☐ 혼자 먹기보다는 꼭 누가 먹여줘야만 먹는다.
☐ 음식을 먹는 상황 자체에 대한 불안감이나 거부감이 느껴진다.
☐ 음식보다 놀이, 영상물 등에 더 집중하고 관심을 둔다.

❖ 부모의 식사 관련 양육 방식

☐ 아이가 안 먹을 때 혼내거나 화를 내면서 강제로 먹인 적이 있다.
☐ "다 먹어야 간식 줘" "형처럼 먹어야 착한 거야" 등으로 비교하거나 조건을 단다.
☐ 식사 중 TV, 휴대폰, 장난감 등을 활용해 억지로 먹이는 습관이

있다.
☐ 식사 시간에 부모가 조급하거나 불안한 태도를 보이는 편이다.
☐ 평소 식사 외에 간식이나 음료를 자주 제공하고 통제하지 못한다.

점검 결과 해석

0~5개: 식습관 형성이 진행 중인 자연스러운 과정일 수 있다. 아이의 식사 리듬과 선호도를 존중하며, 긍정적 분위기 조성이 중요하다.

6~10개: 식사 시간에 대한 부정적 경험이 반복되고 있을 가능성이 있다. 강요보다 탐색, 감정 조절, 일관된 식사 루틴 구축이 필요하다.

11개 이상: 음식 거부가 정서적, 관계적 갈등으로 확대되고 있을 수 있다. 소아 상담, 감각통합 평가, 가족 식사 문화 점검 등을 전문가와 함께 검토해 보라.

전문가 상담이 필요한 경우

① 체중이 줄거나 또래 평균보다 현저히 낮은 경우
② 2~3가지 음식 외에는 거의 먹지 않는 극단적 편식을 보이는 경우
③ 식사 자체를 반복적으로 거부하거나 회피하려는 행동이 지속될 경우
④ 식사 중 극심한 불안, 짜증, 감정 폭발 등이 동반되는 경우
⑤ 음식의 질감, 냄새, 모양 등에 대한 과도한 예민함이 일상생활에 영향을 줄 경우

'무서운 두 살'(Terrible Twos)에 대한 올바른 이해

– feat. 부모는 적절한 자세(Position)를 갖는 것이 중요하다.

만 두 살 무렵 아이가 갑자기 변한 것처럼 느껴지는가? 이것은 전 세계 부모들이 공통으로 경험하는 성장 과정이다.

'Terrible Twos'는 생후 18개월~36개월 사이의 아이들이 보이는 강한 자기주장, 감정 기복, 반항 행동 등을 일컫는 말이다. 꼭 '두 살'이라는 나이에만 국한되지는 않지만, 이 시기에 가장 두드러지게 나타나기 때문에 이런 명칭이 붙었다. 이 시기 아이는 다음과 같은 특징을 보인다.

① "싫어!" "내가 할 거야!" 반복
② 말대꾸, 고집, 물건 집어던지기, 떼쓰기 등 강한 반응
③ 이유 없이 울거나 짜증을 내는 일이 잦음
④ 부모의 말에 '반대로' 행동하는 경향
⑤ 스스로 하려고 하다가 실패하면 분노 폭발

아이들이 이런 행동을 보이는 걸 발달적 원인으로 살펴보면 다음과

같다.

첫째, 자아의 형성 과정이다. 아이는 이제 자신이 독립된 존재라는 것을 인식하기 시작한다. '나'라는 개념이 생기고, 이를 표현하려는 욕구가 커진다. 둘째, 언어 표현의 한계 때문이다. 하고 싶은 건 많지만 말로 다 표현하지 못하다 보니 좌절과 분노로 표출되기도 한다. 셋째, 감정 조절 능력 미성숙도 하나의 원인이다. 전두엽(자기 조절 능력과 관련된 뇌 영역)이 아직 미발달된 시기이기 때문에 감정을 조절하기 어렵다. 넷째, 환경 통제 욕구가 있다. "옷은 내가 골라서 입고 싶어!" "이 숟가락으로 먹을래!"처럼 모든 것을 스스로 결정하고 싶은 욕구가 매우 강해진다.

이 시기를 건강하게 넘기려면 첫째, 감정은 공감하고, 행동은 일관되게 제어해야 한다. "화가 났구나. 엄마도 네 기분 알아"처럼 감정은 공감하되 "하지만 던지는 건 안 돼"라는 식으로 행동을 분명하게 제시해야 한다. 즉 '감정 인정'과 '행동 경계'가 동시에 이뤄져야 한다. 둘째, 선택권을 줘야 한다. "옷 입을래, 아니면 먼저 양치할래?"처럼 하면 통제감을 느끼게 하면서 부모의 의도대로 이행도 가능하다. 셋째, 예측할 수 있는 일과를 유지하는 것이다. 일관된 루틴은 아이에게 안정감을 준다. 예상할 수 있는 하루가 아이의 좌절을 줄여준다. 넷째, 폭발 전 신호를 잘 관찰하는 것이다. 얼굴이 굳거나 입이 삐죽 나오기 시작하면 조심. 이럴 때는 잠깐 안아주거나 주의를 환기하면 감정의 폭발을 막을 수 있다. 다섯째, 과도한 자극 피하기다. 피곤하거나 배가 고픈 상태에서 떼를 쓰는 경우가 많다. 따라서 '기본적인 욕구 충족'이 선행되어야 한다.

이 시기의 아이는 '나'라는 존재를 처음 인식하고, 자신의 의지와 감정을 주체적으로 드러내려 한다. 그런데 그 표현 방식이 미숙하고 강렬하다 보니 매일매일 부모는 시험대에 오르게 된다. 하지만 기억하자. 아이는 부모의 반응을 통해 '감정의 규칙'을 배워간다. 부모가 어떻게 반응하느냐가 아이의 자기 조절 능력, 자존감, 심지어 애착 형성에까지 깊은 영향을 미친다.

이 시기의 부모가 꼭 기억해야 할 자세가 몇 가지 있다.

1. '내 아이가 이상한 게 아니라 정상이다'라는 인식
매일 말대꾸, 울고불고, 떼쓰기…. '이건 모든 아이가 거쳐 가는 성장의 관문'이라고 생각하라. 내 아이만 유독 심한 게 아니라 아이마다 표현 방식이 다를 뿐이다.

2. '아이의 감정을 받아주는 것'과 '무조건 허용하는 것'은 다르다.
아이가 소리 지르고 떼를 쓸 때 "그래, 다 해!"라고 방치하는 것도, 반대로 "왜 이래! 그만해!"라고 억누르는 것도 도움이 되지 않는다. "화가 났구나. 속상하지? 하지만 이건 안 돼"라며 감정을 인정하되 행동에는 분명한 선을 그어주어야 한다.

3. '버티는 힘'을 길러라 – 감정적으로 반응하지 않기
아이가 짜증을 낼 때 부모도 감정적으로 반응하면 싸움이 되고, 결국 아이는 '감정은 폭발해야 통한다'라고 배우게 된다. 아이의 감정 폭발을 '내가 통제해야 할 상황'으로 느끼기보다는 '내가 함께 지나가야 할 터널'이라고 생각하면 마음이 조금 가벼워진다.

4. '훈육'보다 '관계 유지'가 더 중요하다.
아이가 울고 떼쓰고 소리를 질러도 나중엔 꼭 안아주자. "네가 아무리 화가 나고 속상해도 나는 네 편이야." 이 메시지는 어떤 훈육보다 강력한 안정감을 준다.

5. 자신을 돌보는 것도 필수.
부모가 늘 인내심을 가지고 반응하기 위해선 에너지와 여유가 필요하다. 10분 만이라도 혼자 산책을 하거나 커피 한 잔의 여유를 가져보자. 친구와의 짧은 대화도 좋다. 부모의 감정적 회복은 아이에게도 좋은 영향을 준다.

마무리하며 - 이렇게 다짐해 보라.

1. "우리 아이는 지금 '자율성'을 배우는 중이다."
아이가 강하게 자기주장을 하거나 반항적인 행동을 보일 때, 그 행동 뒤에는 '독립적인 존재로서 권리를 주장하고자 하는 욕구'가 숨어 있다는 것을 기억하자. 아이가 감정을 표출하며 배우는 것은 자율성과 독립성을 위한 중요한 발달 과정이다. 비록 그 표현 방식이 때때로 거칠고 힘들게 느껴지겠지만, 이는 아이가 자신을 더 잘 알고 자율적인 선택을 하고자 하는 과정임을 이해하자.

2. "아이의 거친 표현 이면에 성장의 욕구가 숨어 있다."

때로 아이의 행동은 우리가 예상치 못한 방식으로 나타날 수 있다. 하지만 이 모든 것이 '성장'이라는 큰 그림에서 중요한 부분이라는 것을 잊지 말자. 울고 떼쓰는 아이의 행동 속에는 그들이 새로운 것을 배우고, 세상과 소통하려는 강한 욕구가 담겨 있다. 부모는 이러한 거친 표현 뒤에 숨어 있는 아이의 성장 욕구를 존중하고, 이를 통해 아이가 점차 성숙해 가는 모습을 믿고 지켜보자.

3. "나는 이 시기를 함께 지나가 줄 수 있는 충분히 좋은 부모다."

'Terrible Twos' 시기의 고비를 넘기기 위해서는 끊임없는 인내와 긍정적인 반응이 필요하다. 때로는 부모도 지치고 힘들지만, 이 시기를 잘 넘기기 위한 준비가 되어 있다는 것을 기억하자. '나는 충분히 좋은 부모다'라는 믿음으로 아이의 행동을 단순히 문제로만 보지 말고, 이 시기 역시 아이와 부모가 함께 성장하는 중요한 과정임을 명심하자. 아이가 겪는 어려움이 곧 부모의 어려움이기도 하며, 이 모든 과정을 거쳐 아이는 더 강해지고 부모는 더 따뜻하고 성숙한 관계를 만들어갈 수 있다.

4. "이 시기가 지나면 더 나은 관계가 기다리고 있다."

'Terrible Twos'는 지나고 나면 아이와 부모 사이에 더욱 깊은 이해와 신뢰가 생기게 되는 시기다. 비록 매일 힘들고 지칠 때도 있지만, 이 시기를 잘 지나면 아이는 부모와 더 원활하고 건강한 관계를 형성할 수 있는 능력을 키운다. 아이가 '나'를 이해하고, 부모가 아이를 이해하는 과정은 결국 더 나은 관계로 이어지며, 그때의 경험은 부모와 아이 모두에게 큰 자산이 된다.

5, "나의 감정 관리가 아이에게 큰 영향을 미친다."
이 시기에 가장 중요한 것은 부모가 어떻게 감정을 관리하느냐다. 아이가 감정을 폭발시킬 때 부모가 감정을 통제하고 차분하게 반응할 수 있으면, 아이는 점차 그 반응을 배우고 자기 조절 능력을 키워갈 수 있다. 부모가 감정적으로 반응하기보다는 침착하고 신뢰감 있는 자세로 반응하면 아이는 이를 '모델링'하며 자신만의 감정을 건강하게 다룰 수 있다.

6. "나는 이 순간을 지나면서 점점 더 성장하는 부모다."
매일매일 어려운 순간이 있지만, 이 모든 순간이 부모로서 나를 성장하게 만든다는 것을 잊지 말자. 매일 아이와 함께 겪는 도전과 갈등 속에서 나는 더 나은 부모로 성장하고 있으며, 그 과정에서 부모로서의 자신감을 쌓아간다. 나의 감정적인 여유와 이해는 아이에게도 긍정적인 영향을 미친다. 이 시기를 지나며 나는 더 강하고 지혜로운 부모로 변화해 가고 있음을 믿자.

✅ 체크리스트

자녀의 최근 1~2개월간 행동을 떠올리며 해당되는 항목에 체크해 보세요.

❖ 감정 표현과 반응
☐ 사소한 일에도 금세 울거나 소리를 지른다.
☐ "안 돼"라는 말에 극도로 예민하게 반응한다.
☐ 감정 조절이 어려워 바닥에 드러눕거나 몸부림치는 행동을 한다.
☐ 원하는 것을 얻기 위해 고집을 부리거나 떼를 쓴다.
☐ 감정이 격해지면 손으로 치거나 던지기도 한다.

❖ 자기주장과 독립성
☐ 혼자 하려고 하며, 도움을 주면 오히려 화낸다.
☐ 어떤 물건이나 행동에 강한 집착을 보인다.
☐ "내 거야" "내가 할래" 등의 말을 자주 하며 소유 욕구가 강하다.
☐ 먹기, 입기, 씻기 등 일상 활동에서 자기 방식대로 하려 한다.
☐ 부모가 제안한 활동을 거부하고 자기 생각대로 하려 한다.

❖ 부모와의 상호작용
☐ 제지하거나 말리면 반항하거나 도망가려 한다.
☐ 잘 놀다가도 이유 없이 울거나 짜증을 낸다.
☐ 일관되지 않은 부모의 반응에 더 격하게 반응하는 경향이 있다.
☐ 다른 아이와의 놀이 중 순서를 지키기 어렵거나 빼앗으려고 행동

한다.
☐ 부모가 옆에 없으면 불안해하거나 쉽게 분리 불안을 보인다.

📋 점검 결과 해석

0~4개: 자녀의 행동이 두 살 발달단계에 비추어 안정적이며 비교적 순응적인 편이다. 규칙적인 일상, 부드러운 한계 설정, 감정 이름 붙이기 등을 통해 긍정적인 행동을 강화해 주면 된다.

5~9개: 자녀가 전형적인 '무서운 두 살'의 특징을 보인다. '반항'이 아닌 '자율성 발달 과정'임을 인식하고, 일관성 있는 양육이 중요하다. 하루 중 반복되는 갈등 상황(식사, 배변, 놀이 등)에 대한 예측 가능한 구조와 유연한 대응 전략이 필요하다.

10개 이상: 자녀가 자기 조절 능력, 정서 표현, 일상 적응 등에서 어려움을 겪고 있을 수 있다. 다음과 같은 경우, 전문가의 조기 상담 또는 발달평가를 고려해 보라.

💬 전문가 상담이 필요한 경우

① 매일 격한 감정 폭발(떼쓰기, 분노, 고집)이 부모의 일상에 지장을 줄 정도로 심한 경우
② 언어 표현력이 매우 낮거나 거의 의사소통이 어려운 경우
③ 또래 아이들과의 놀이에서 지속적으로 공격적이거나 전혀 상호작용이 없는 경우
④ 감각에 과민하게 반응하거나 반복적인 행동(예: 흔들기, 특정 물건만 만지기 등)이 두드러질 경우

'물건을 감추는 아이' 다루는 법

– feat. 아이가 감추고 싶은 건 '물건'이 아니라 '마음'이다.

"갑자기 자주 쓰던 인형이 안 보여요." "형의 장난감을 자꾸 자기 서랍에 감춰 둬요." "자기 그림이나 숙제를 감춰서 아무도 못 보게 해요." 이처럼 아이가 물건을 숨기거나 감추는 행동은 단순한 호기심이나 장난처럼 보이기도 하지만 때로는 더 깊은 심리적인 신호일 수 있다. 특별한 이유 없이 반복적으로 물건을 감추는 아이를 만났을 때, 단순히 "왜 숨겼어?"라고 묻기보다는 '어떤 마음이 숨어 있을까?'에 주목할 필요가 있다.

아이가 물건을 감추는 이유는 하나로 딱 잘라 말할 수 없다. 상황과 성향에 따라 다양한 원인이 작용할 수 있다.

① 불안감과 소유욕: 내 물건이 없어질까 봐, 누가 빼앗아 갈까 봐 느끼는 불안감.
② 주의 끌기: 평소 자신이 주목받지 못한다고 느낄 때, 부모의 관심을 끌기 위한 행동.

③ 자기만의 세계 만들기: 자신만의 공간과 소유를 중요하게 여기는 기질.
④ 죄책감의 표현: 잘못한 일이 있는데 말로 표현하기 어려울 때, 감추는 행동으로 표현.
⑤ 비밀과 통제의 욕구: 아이가 나름의 '통제감'을 갖고 싶을 때, 감추는 행위로 자신을 지키려는 모습.
⑥ 외부 스트레스 해소 방식: 유치원이나 학교, 친구 관계, 형제 갈등 등 외부 스트레스에 대한 방어 반응.

물건을 감추는 아이의 특징은 다음과 같다.

(1) 기질적 특성
① 예민하고 내성적인 아이
② 통제 욕구가 강한 아이
③ 변화에 민감하고 낯선 상황을 싫어하는 아이

(2) 심리적 특성
① 정서적으로 불안정하거나 스트레스를 쉽게 받는 성향
② 부모의 반응을 과하게 신경 쓰는 아이
③ 자존감이 낮고, 자기 표현이 서툰 아이

(3) 환경적 요인
① 지나치게 통제적인 양육 환경

② 비밀을 용납하지 않는 가정 분위기
③ 형제자매와의 비교, 경쟁이 심한 환경
④ 과거에 자신의 소지품을 잃어버렸던 경험 등

이때 부모가 주의해야 할 점이 몇 가지 있다. 첫째, 감추는 행동을 무조건 혼내지 말아야 한다. 아이는 부끄러움이나 죄책감을 느끼고 더 숨게 된다. 둘째, 아이를 몰아붙이며 반복적으로 추궁하지 않아야 한다. "왜 숨겼어?"라는 말이 반복될수록 아이는 방어적으로 굳어지고 부모를 더 멀리하게 된다. 셋째, 형제나 다른 사람과 비교하며 조롱하지 않아야 한다. "왜 형처럼 안 하니" "또 숨겼어?"와 같은 말은 자존감을 떨어뜨린다. 넷째, 행동 뒤에 숨은 감정을 찾아야 한다. "혹시 뭔가 속상한 일이 있었어?" "이거 숨기고 싶었던 이유가 있을까?"처럼 부드럽게 접근해 보라. 다섯째, 비밀도 허용되는 안전한 공간을 만들어주는 것이다. 아이가 마음속 이야기를 꺼내도 안전하다고 느껴야 진짜 감정을 꺼낸다.

아이의 감추는 행동은 대부분 '감정 표현의 어려움'에서 비롯된다. 그럴수록 "그 물건이 너한테 중요한 거구나"라며 감정에 먼저 공감해주라. 일상에서 "이럴 땐 마음이 어때?" "슬플 땐 어떻게 해?" 식의 감정 대화 훈련이 필요하다. 아이가 신뢰를 느끼는 환경 안에서 조금씩 자기 감정을 드러낼 수 있도록 도와줘야 한다.

아이의 이런 감정을 방치하면 ① 점점 더 숨기고 거짓말하는 습관 ② 대인관계에서 신뢰 문제 발생 ③자기감정 억압이 분노나 불안으로 표출 ④ 학령기에 들어서면서 충동적인 물건 훔치기(도벽)로 발전 가능성이 있다. 반드시 범죄나 비행과 연결되는 것은 아니지만, 감정 표현이 왜곡된 방식으로 나타날 수 있음을 유의해야 한다.

마무리하며 – 아이가 숨기고 싶은 건 '비밀'이 아니라 '불안'일 수 있다.

물건을 감추는 행동은 겉보기엔 단순해 보이지만, 그 이면에는 복잡한 감정과 심리적 메시지가 담겨 있을 수 있다. 아이는 아직 말로 자신의 감정을 다 표현하지 못한다. 그래서 어떤 아이는 울고, 어떤 아이는 화를 내고, 어떤 아이는 그저 조용히 '숨기는 방식'을 택한다. 특히 감정을 억제하는 기질을 가진 아이들 혹은 비밀이나 실수를 용납하지 않는 가정 분위기에서 자란 아이들은 무언가를 감추는 방식으로 자기 마음을 보호하려 할 수 있다. 이럴 때 부모가 할 수 있는 가장 강력한 지원은 '이 아이가 뭘 감추려 하는 걸까?' '왜 이걸 말하지 않고 숨겼을까?'를 추궁하는 것이 아니라 '이 아이가 안전하게 말할 수 있는 분위기를 내가 만들어주고 있는가?'를 돌아보는 것이다. 다시 한번 이야기하지만, 아이가 감추고 싶은 건 그 '물건'이 아닐 수 있다.

아이들은 사랑받고 있다는 확신이 있을 때 비로소 '감춘 마음'을 꺼내 보이기 시작한다. 부모의 태도 하나하나, 반응 하나하나가 그 마음을 더 깊이 숨기게도, 조금씩 꺼내 보이게도 만든다. 조급하지 않아야 한다. 감정은 강요한다고 절대 나오지 않으니까. 대신 기다려 주고, 믿어 주고, 아이의 눈높이에서 함께 바라봐 주라. 물건을 감추던 아이가 어느 날 슬며시 자신만의 상자 속 보물을 꺼내 보여주듯,

자신의 속마음도 털어놓는 날이 올 것이다. 그때 우리는 이렇게 말할 수 있어야 한다. "고마워, 네 마음 보여줘서. 그 마음, 참 소중하구나."

✅ 체크리스트

최근 2~3개월 동안 아이의 행동을 떠올리며 해당 사항에 체크해 주세요.

❖ 감추는 행동의 빈도와 상황

☐ 아이가 자주 물건(장난감, 음식, 작은 소지품 등)을 숨기거나 감춘다.
☐ 감춘 물건을 혼자만 알고 있고, 쉽게 알려주지 않으려 한다.
☐ 숨긴 물건을 찾지 못해 집 안에서 자주 소란이나 갈등이 생긴다.
☐ 누가 자신의 물건에 손을 댈까 봐 지나치게 경계하거나 예민하게 반응한다.
☐ 잘못을 숨기기 위해 거짓말을 하기도 한다.

❖ 정서적·심리적 배경

☐ 물건을 감추는 행동이 혼날까 봐 혹은 잃을까 봐 생기는 불안에서 비롯된 것 같다.
☐ 아이가 자기 물건을 "누가 빼앗을까 봐"라고 말한 적이 있다.
☐ 감춘 물건이 자주 반복적으로 특정 장소에서 발견된다.
☐ 감추기 전보다 불안해하거나 몰래 행동하려는 모습이 눈에 띈다.
☐ 감춘 물건에 대해 지나치게 집착하거나 손에서 놓지 않으려 한다.

❖ 부모의 양육 태도 및 반응

☐ 아이가 실수나 잘못을 했을 때 혼내거나 체벌을 자주 한다.

☐ 아이가 물건을 감춘 사실을 알게 되면 비난하거나 비교한 적이 있다.
☐ 아이가 속마음을 털어놓는 것보다 결과나 문제 해결에 초점을 맞추는 편이다.
☐ 아이에게 물건을 공유하거나 양보하는 역할극이나 놀이 경험이 적다.
☐ 감추는 행동을 볼 때, '얘가 왜 이러지?'라며 이해보다는 먼저 걱정이 되거나 화가 난다.

점검 결과 해석

0~5개: 감추는 행동이 발달 단계의 일부거나 단순한 호기심일 가능성이 크다. 강한 제재보다는 안심할 수 있는 분위기 속에서 대화로 접근하면 된다.

6~10개: 감추는 행동이 불안, 통제 욕구, 주도권에 대한 반응일 수 있다. 아이의 감정 상태를 점검하고, 신뢰 관계 회복과 일상 속 감정 표현 훈련이 필요하다.

11개 이상: 감추는 행동이 심리적 방어나 불안정 애착, 자기 보호 메커니즘일 수 있다. 부모의 훈육 방식 점검, 상담 기관과의 협력을 고려해 보라.

전문가 상담이 필요한 경우

① 감추는 행동이 지속적이고 반복적이며 점점 은밀해지는 경우
② 물건을 숨긴 후에도 불안, 죄책감, 강박적 집착 등의 정서적 변화

가 두드러질 경우

③ 물건을 감춘 사실을 부인하거나 거짓말로 일관하는 모습이 나타날 경우

④ 감춘 물건이 타인의 소지품, 돈, 중요 물건 등으로 점차 확대되는 경우

⑤ 일상생활, 친구 관계, 가족 내 신뢰에 영향을 줄 정도로 감추는 행동이 빈번할 경우

'왼손잡이 아이'로
살아가는 법

— feat. '왼손잡이'는 결코 장애(障礙)가 아니다.

왼손잡이는 일상생활의 주요 활동(글쓰기, 식사, 도구 사용 등)을 왼손으로 주로 수행하는 사람을 말한다. 전 세계적으로 약 10% 내외로 추정되며, 성별에 따라 남성에게 조금 더 흔하게 나타나는 경향이 있다.
왼손잡이의 원인은 유전적 요인, 뇌 구조 및 기질적 요인, 환경적 요인 등이 있다.

(1) 유전적 요인
부모 중 한 명이 왼손잡이라면, 자녀가 왼손잡이가 될 확률이 약 2~3배 높아진다. 왼손잡이 유전자는 아직 명확하게 밝혀지진 않았지만, 유전적 영향은 분명 존재한다.

(2) 뇌 구조 및 기질적 요인
뇌의 좌·우 반구의 비대칭적인 발달로 인해 왼손이 주 손(hand

dominance)이 되는 경우가 많다. 기질적으로 창의성과 직관력이 발달한 아이 중 왼손잡이가 많다는 연구들도 존재한다.

(3) 환경적 요인
일부 아이들은 외상, 관절 이상 등으로 인해 오른손 사용이 어려워져 왼손을 주로 사용하는 일도 있지만, 드문 사례다.

왼손잡이 아이의 특성은 아래와 같다.
① 창의성: 시각적 사고와 전체적인 그림을 보는 능력이 발달하여 예술 분야에서 두각을 나타내는 경우가 많다.
② 융통성: 오른손잡이 중심의 세상에 적응하기 위해 자연스레 대체 전략과 유연한 사고력을 키우는 경우가 많다.
③ 공간지각력: 도형 회전, 공간 구조 이해 등에서 강점을 보이기도 한다.
④ 감정 기복: 일부 연구에 따르면, 감정 표현이 풍부하거나 감정 기복이 큰 경우도 많다고 알려져 있다.

왼손잡이 양육 시 주의할 점은 첫째, 강제 교정은 절대 금지다. 왼손을 쓰는 것이 '틀린 것'이라는 인식을 줄 경우, 아이는 자신의 본능을 부정하며 자존감에 상처를 입게 된다. 글씨를 교정하려다 학습장애, 글쓰기 거부, 손목 통증을 유발하는 일도 꽤 있다. 둘째, 양손을 존중하는 환경 만들기다. '왼손도 오른손처럼 똑같이 소중하다'라는 메시지를 꾸준히 주는 게 중요하다. 아이의 행동을 교정하려 하지 말고, 적응 도구를 함께 찾아주는 방식이 좋다. 셋째, 불편한 도구나 환경은 적극적으로 보완해 나가면 된다. 왼손용 가위, 연필깎이, 필기구 등을 준비해 주고, 식사 시에도 아이가 자연스럽게 식기를 사용할 수 있는 자리를 (왼쪽에) 배치해 주라.

우리 사회의 편견, 아직 남아있다. "왼손으로 받으면 실례야" "오른손으로 써야 예쁘지" 같은 말은 아이에게 부정적인 자기 인식을 심어줄 수 있다. 교사, 조부모, 또래 친구 등 아이를 둘러싼 사회적 시선 역시 아이에게 큰 영향을 미친다. 부모가 먼저 편견 없는 언어와 시선을 실천하며 주변에도 부드럽게 설명해 주라.

왼손잡이 아이를 양육할 때의 포인트는 ① 왼손을 자유롭게 쓰도록 허용하라. ② 왼손 전용 도구를 함께 준비하고 활용해 보라. ③ 다른 사람의 반응에 예민해지지 않도록 도와주라. ④ '다름'이 결코 '틀림'이 아님을 자연스럽게 가르쳐 주라. ⑤ 왼손잡이로서의 장점과 독특함을 칭찬해 주라 등이다.

왼손잡이 아이에게 닥칠 수 있는 어려움과 대처법은 다음과 같다.
① 바른 글씨체 쓰기 어려움: 왼손 필기법에 맞는 종이 위치, 손 각도, 필기도구 사용법을 익히도록 도와주어야 한다.
② 도구 사용의 불편함: 왼손 전용 제품을 적극 활용하라.
③ 수업 중 오른손 중심의 활동: 선생님과 소통해 아이의 특성에 대해 사전 설명을 해두는 것이 좋다.

마무리하며 – 왼손으로 그려가는 자기만의 삶

왼손잡이 아이를 키우는 부모는, 단지 손의 방향이 다른 아이를 키우는 것이 아니다. 세상의 기준과 조금 다른 아이를 세상의 편견에 흔들리지 않도록 지지하고 보호하는 역할을 함께 맡게 된 것이다. 왼손잡이 아이는 단순히 '왼손을 더 자주 쓰는 아이'가 아니다. 다르게 관찰하고, 다르게 느끼고, 다르게 표현하는 아이다. 이 '다름'은 사회의 기준에 따라 쉽게 오해되거나 불편함으로 받아들여질 수 있지만, 우리가 제대로 바라본다면 그 다름은 '강점'과 '개성'으로 자랄 수 있는 씨앗이 된다.

아이들은 자라면서 여러 번 '왜 나는 남들과 다를까?'를 묻는다. 그때, 부모가 자신 있게 대답할 수 있어야 한다. "너는 특별한 게 아니라, 그저 너다워서 멋진 거야." 왼손잡이 아이에게 필요한 건, 억지로 오른손잡이처럼 살아가도록 하는 '순응의 훈련'이 아니라 자기 손으로 세상을 탐색하고 주도할 수 있도록 옆에서 응원하고 준비해 주는 어른의 배려다. 왼손잡이라는 이유로 불편함을 감수하지 않아도 되는 사회, 왼손잡이라는 이유로 칭찬과 격려를 받을 수 있는 가정 그리고 무엇보다 왼손으로 글을 쓰든 오른손으로 쓰든 '나는 충분히 괜찮은 존재야'라고 느낄 수 있는 자존감을 키워주는 것이 가장 중요하다.

당신의 아이는 왼손잡이라서 특별한 것이 아니라, 그저 그 아이답게 자라나고 있다는 사실이 이 세상에서 가장 아름다운 이야기임을 기억하길 바란다.

✅ 체크리스트

최근 3개월 내 아이의 행동과 양육 상황을 떠올리며 해당하는 항목에 체크해 보세요.

❖ 아이의 행동과 정서 반응

☐ 아이가 글을 쓰거나 그림을 그릴 때 손목이 꺾이거나 종이가 자주 번진다.
☐ 오른손잡이 도구를 사용할 때 어려움을 호소한다.
☐ 학교나 가정에서 왼손을 쓴다고 친구나 어른에게 지적받은 적이 있다.
☐ 왼손을 쓴다는 이유로 눈치를 보거나 움츠러드는 모습이 보인다.
☐ 새로운 과제를 할 때, 오른손 기준의 설명에 혼란을 느껴 당황한다.

❖ 부모의 양육 태도 및 환경 조성

☐ 왼손을 쓴다고 해서 '고쳐야 하지 않을까'라는 생각을 해본 적이 있다.
☐ 아이에게 오른손 사용을 유도하거나 교정하려 한 적이 있다.
☐ 집에 왼손잡이를 위한 도구가 준비돼 있지 않다.
☐ 식사 시 아이가 자연스럽게 사용할 수 있도록 자리를 배려하지 않았다.
☐ 아이가 불편을 표현할 때 "조금만 참고 해"라고 넘긴 적이 자주 있다.

❖ 자존감, 사회적 시선, 부모의 대응

☐ "왼손으로 받으면 실례야" 같은 말을 들은 적이 있다.
☐ 아이의 왼손잡이를 "특이하다" "불편하겠다"라는 말로 표현한 적이 있다.
☐ 아이가 왼손잡이임을 주변에 적극적으로 설명해 본 적이 없다.
☐ 아이가 스스로 "이상하다"라거나 "불편하다"라고 말한 적이 있다.
☐ 왼손잡이의 장점이나 강점을 아이에게 이야기해 준 기억이 없다.

점검 결과 해석

0~5개: 아이는 비교적 안정적으로 자신의 왼손잡이 특성을 받아들이고 있으며, 부모 역시 환경적 배려와 감정적 지지를 잘 제공하고 있다. 지금처럼 자율성과 개성을 존중해 주면 된다.

6~10개: 아이가 왼손잡이로서 겪는 불편이나 위축감을 어느 정도 경험하고 있을 수 있다. 도구, 환경, 언어적 배려 등을 점검하며, 아이의 정서에 더 세심한 관심을 기울이는 것이 필요하다.

11개 이상: 왼손잡이로서의 자아 수용에 어려움을 겪거나, 부모의 무의식적 교정 시도·부족한 환경 배려가 누적되고 있을 수 있다. 자존감 저하나 학습 의욕 저하로 이어질 위험이 있어, 양육 태도의 전환과 외부 지원이 필요하다.

전문가 상담이 필요한 경우

① 왼손 사용으로 인해 반복적인 학습 회피, 짜증, 눈물 등의 반응이 심한 경우

② "나는 왜 이래?" "나는 이상한 거야?" 등 자기 비하 표현을 자주 하는 경우
③ 또래나 교사와의 관계에서 왼손 사용을 이유로 위축되거나 놀림을 당하는 경우
④ 부모가 반복적으로 양육 혼란, 죄책감, 피로감을 느끼는 경우

'정리·정돈을 잘하는 아이' 다루는 법

— feat. 아이가 아이답지 않은 건 꼭 좋은 것만은 아니다.

정리·정돈을 잘하는 아이는 부모로선 고마운 존재일 수 있다. 방도 깔끔하고, 장난감을 흩뿌리지 않으며, 어지럽힌 물건도 스스로 치우는 아이는 어른의 눈엔 '기특한 아이'로 비치기 쉽다. 하지만 이런 모습이 지나치게 강하거나 일상 전반에 걸쳐 융통성이 떨어지는 방식으로 나타난다면 조금은 다른 시선으로 들여다볼 필요가 있다. 정리·정돈을 '하고 싶어서'가 아니라, '하지 않으면 불안해서' 한다면 그것은 아이의 심리적 경직성이나 불안 혹은 강박과 연결되어 있을 수 있기 때문이다.

정리·정돈을 잘하는 아이들의 특징은 다음과 같다.

(1) 기질적 특징
① 예민하고 감각에 민감함
② 규칙성과 예측 가능성을 선호

③ 낯선 상황에 쉽게 긴장하거나 불편해함

(2) 심리적 특징
① 통제감에 대한 집착이 있을 수 있음
② '무언가 잘못되면 안 된다'라는 강한 불안
③ 실패나 실수에 대한 과도한 두려움

(3) 환경적 특징
① 지나치게 엄격하거나 완벽주의적인 부모 아래에서 자람
② 칭찬을 받기 위해 스스로 행동을 조율한 경험이 많음
③ 정리·정돈이 과도하게 강조된 가정 환경

정리·정돈을 지나치게 잘하는 이유는 첫째, 불안에 대한 자가 조절 수단이다. 스스로 감정 조절이 어렵거나 불안이 클 경우, 외부 환경을 통제함으로써 안정감을 얻으려는 경향이 있다. 이럴 때 정리·정돈은 가장 손쉬운 통제 방식이다. 둘째, 부모의 양육 방식 영향이다. 정리·정돈을 하지 않으면 혼나거나, 정리·정돈을 잘하면 칭찬과 보상이 따랐던 경험이 누적될 경우 아이는 그 자체를 '살아남는 전략'으로 내면화하게 된다. 셋째, 완벽주의적 성향이다. 스스로 정한 기준에 맞지 않으면 불편해하고 다시 반복하는 성향이 있다. 이런 경우 정리·정돈도 '자기 기준에 꼭 맞아야 하는 일'이 된다. 넷째, 강박적 성향 또는 강박장애 전조로서의 경우다. 물건이 조금만 어지럽혀져 있어도 극심한 불편감을 호소하거나 특정 순서로 정리해야

안심하는 등 '행동 뒤의 심리'가 너무 과도할 경우 전문적인 진단이 필요할 수 있다.

부모가 주의해야 할 점은 기특해 보인다고 무조건 칭찬만 하지 말라는 것이다. 행동보다 행동의 동기와 맥락을 살펴야 한다. "깨끗하게 정리해서 고마워"보다는 "정리하면서 힘들지 않았어?"와 같은 감정 확인이 먼저다. 다음은 불안을 자극하는 피드백을 줄여야 한다. "방이 왜 이렇게 지저분하니!"보다는 "좀 어질러졌지만, 나중에 정리해도 괜찮아"라는 식으로 완벽하지 않아도 괜찮다는 메시지를 전달하는 것이 필요하다. 그리고 정리·정돈에 대한 '유연한 태도'를 보여주어야 한다. 부모가 집 안을 너무 깔끔하게 유지하려 애쓰거나, 아이 앞에서 "어지러운 건 참을 수 없어"라고 말하는 것은 아이에게 강한 압박으로 작용할 수 있다.

이런 아이는 어떻게 지도해야 할까?

첫째, 정리도 놀이처럼 접근하게 하라. 정해진 방법이 아닌 자유로운 방식으로 정리하도록 유도해 보는 거다. 장난감도 '색깔별'이 아닌, 아이가 원하는 카테고리로 분류해 보게 하면 융통성이 길러진다. 둘째, "지금은 안 해도 괜찮아"라는 메시지를 반복적으로 주어라. 정리·정돈을 하지 않아도 괜찮은 상황(예: 피곤해서 못 할 수도 있음)을 보여주는 경험이 필요하다. 상황에 따른 유연성을 받아들이는 연습을 해야 한다. 셋째, 감정 조절 훈련도 병행하라. 정리·정돈 행동이 감정 불안정에서 비롯된 것이라면 명상, 호흡법,

감정 표현을 연습하는 놀이 등을 함께하면 좋다. 넷째, 정리하지 않은 상태에서도 아이의 감정을 긍정해 주어라. "이렇게 어질러졌지만 네가 지금 편하다면 괜찮아"라는 피드백이 아이에게 안도감을 줄 수 있다.

이런 증상을 방치했을 때 생길 수 있는 문제는 무엇보다도 완벽주의나 강박으로 발전할 수 있다는 점이다. 단순한 정리·정돈이 의무감과 불안으로 반복된다면 성인이 되었을 때 '강박장애'나 '불안장애'로 이어질 가능성도 있다. 또한 또래 관계에서 융통성 부족이 나타날 수 있다. 다른 친구들이 어질러놓은 환경을 참지 못하거나, 놀이 중에도 정리하느라 집중하지 못하는 경우 사회성이 저해될 수 있다. 그리고 자기 자신에 대한 평가 기준이 지나치게 높아질 수 있다. '항상 완벽해야 한다'라는 자기 기준이 누적될 경우, 작은 실패도 자기 비난으로 이어질 수 있다.

마무리하며 – 정리정돈, 그 기특함 이면의 신호

정리·정돈을 잘하는 아이는 많은 부모에게 '이상적인 아이'처럼 보일 수 있다. 주변을 어지르지 않고, 제 할 일을 척척 해내며, 엄마 아빠의 부담을 줄여주는 아이 말이다. 그러나 그 기특함의 이면에 무언가를 놓치고 있는 건 아닌지, 아이가 무엇을 감추고 있는 건 아닌지 돌아보는 섬세한 시선이 필요하다. 아이는 언제든 부모의 기대를 읽어내고, 거기에 맞춰 자신을 조율할 수 있는 존재다. 특히 정리·정돈을 통해 칭찬을 받고 사랑을 확인해 온 아이는 그 행동을 자꾸 반복하면서 점점 자기 본래의 모습과 감정을 숨기게 될 수 있다.

우리가 아이에게 바라는 것은 깔끔하고 완벽한 아이가 아니라 자유롭고 행복한 아이, 실수해도 괜찮다고 느끼는 아이, 마음을 유연하게 조율할 줄 아는 아이다. 아이가 깔끔한 성향을 지녔다면 그 장점을 살려주되 융통성과 자기수용, 감정 표현의 여유까지 함께 키워줄 수 있어야 한다. 부모는 아이의 행동을 보고 먼저 반응하기보다 아이의 마음을 읽는 습관을 지녀야 한다. '이 아이가 지금 이걸 왜 이렇게까지 하려는 걸까?' '혹시 불안해서?' '혹시 누군가에게 인정받고 싶어서?' 이런 질문을 스스로 던질 수 있다면 그게 바로 아이의 마음을 건강하게 지켜주는 첫걸음이다.

그리고 때로는 혼자서 해석하고 결정하려 하지 말고 전문가의 도움을 받아 보는 것도 하나의 현명한 양육 방법이 될 수 있다. 아이의 독특한 기질이 진짜 '문제'인지, 아니면 '특성'인지 구별이 잘 안 될 때, 조심스레 문을 두드려보라. 그 작은 관심이 아이의 내일을 다정하게 지켜줄 수 있다.

✅ 체크리스트

"우리 아이, 정리·정돈이 너무 과한 건 아닐까?"
최근 1개월 동안 자녀의 행동을 떠올리며 해당하는 항목에 체크해 보세요.

❖ 감정 기반 정돈 행동
☐ 정리를 하지 않으면 불안해하거나 안절부절못하는 모습을 보인다.
☐ 장난감을 정해진 순서나 위치에 놓지 않으면 다시 정리하려 한다.
☐ 방이 어질러지면 화를 내거나 갑자기 기분이 나빠진다.
☐ 놀이 도중에도 정리가 먼저라고 말하거나, 중간에 정리를 시작한다.
☐ 다른 가족의 정리 상태(엄마 책상, 동생 방 등)에도 지나치게 신경 쓴다.

❖ 완벽주의 및 통제 성향
☐ 정리 방식이나 순서에 대해 자기만의 기준이 뚜렷하고 타협하지 않는다.
☐ 정리 상태가 완벽하지 않으면 계속 반복하거나 스스로 자책한다.
☐ 실수로 물건을 흘리거나 흐트러뜨렸을 때 지나치게 민감하게 반응한다.
☐ 친구나 동생이 물건을 다르게 정리하면 화를 내거나 고쳐놓는다.
☐ 무엇이든 스스로 완벽하게 해야 직성이 풀리는 경향이 있다.

❖ 부모와의 상호작용에서 나타나는 특징

☐ 정리·정돈을 하지 않으면 혼날까 봐 걱정하는 기색을 자주 보인다.
☐ 칭찬받기 위해 정리를 과도하게 하는 모습을 보인 적이 있다.
☐ 정리 상태에 대해 부모가 자주 피드백(칭찬 또는 지적)을 한다.
☐ 부모가 '정리 잘하는 아이'로 아이를 자주 자랑하거나 강조한 적이 있다.
☐ 정리·정돈이 잘 안 된 상태를 부모가 불편해하는 모습을 자주 보인다.

📋 점검 결과 해석

0~4개: 아이는 현재 정리·정돈과 관련된 불안이나 강박의 징후가 크지 않으며, 비교적 자연스러운 수준의 습관으로 보인다. 다만, 정리 행동이 단지 '좋아서'가 아니라 '불안해서' 반복되는 건 아닌지 지속적으로 관찰하면 된다.

5~9개: 아이에게 통제 욕구, 불안 기반의 정리 행동, 완벽주의 성향이 일부 나타나고 있다. 행동 자체를 칭찬하기보다는 감정 상태를 우선 확인해 보고, 정리하지 않아도 괜찮은 상황을 일부러 만들어주는 것이 필요하다. 부모의 양육 태도도 점검해 봐야 한다.

10개 이상: 아이가 정리·정돈을 통해 불안을 조절하거나 완벽함을 강박적으로 추구하고 있을 가능성이 높다. 놀이 중에도 긴장을 풀지 못하거나 자신의 감정을 자유롭게 표현하지 못하는 양상이 동반된다면 전문가의 개입을 고려하기 바란다. 정리 행동 자체가 아닌 '그 배경'에 주의를 기울여야 할 시점이다.

💬 전문가 상담이 필요한 경우

① 정리하지 않으면 불안, 짜증, 분노 등의 감정 폭발이 반복적으로 나타날 때
② 놀이 상황에서도 정리가 우선이며 그 외 활동에 집중하지 못하는 경우
③ 자신이 정한 순서대로 정리하지 않으면 계속 반복하거나 외출을 거부할 때
④ 친구와의 놀이 중에도 정리 문제로 갈등이 자주 발생하는 경우
⑤ 정리된 상태 외에는 심리적 안정감을 느끼지 못하고 불면, 소화 불량 등의 신체 증상까지 나타날 때

부록
몇 가지 남은 이야기들

칭찬(Compliment)과 격려(Encouragement)

자녀를 잘 키우려면 칭찬과 격려를 많이 하라고 한다. 칭찬과 격려는 모두 긍정적인 피드백을 제공하는 방식이지만, 목적과 방식에서 중요한 차이가 있다. 칭찬은 주로 성취나 결과에 대한 긍정적인 평가다. 특정 행동이나 성과에 대해 "잘했다" "훌륭하다" "대단하다"라고 말하며, 인정하는 것이 칭찬이다. 반면, 격려는 행동이나 노력에 대한 긍정적인 동기 부여다. 결과보다는 과정에 집중한다. 무엇을 시도하고, 어떻게 노력했는지를 중시하고, 지속적인 도전을 독려하는 것이 핵심이다.

칭찬은 구체적인 성과나 결과에 집중한다. 예를 들어 "이 프로젝트를 아주 잘 해냈어"라거나 "이번 시험에서 성적이 많이 올랐네"처럼 구체적인 성과에 대한 평가가 이루어진다. 반면 격려는 주로 노력과 태도에 초점을 맞춘다. "너의 노력이 정말 중요해" 또는 "계속 그렇게 시도하면 분명히 좋아질 거야"처럼 결과와 관계없이 시도 자체를 긍정적으로 바라보고, 인정한다.

칭찬은 자부심을 키우고 자신감을 증진시키지만, 과도하게 특정 성과에 집중하면 오직 외부의 인정만을 추구하는 태도를 유발할 수도 있다. 반면에 격려는 실패나 어려움 속에서도 계속 도전할 수 있도록 힘을 실어주고, 장기적인 성장과 자기효능감(self-efficacy)을 높이는 데 이바지한다. 특히 격려는 '성과가 부족하거나 실패했을 때도 끝이 아니라 다시 도전할 수 있다'라는 메시지를 전달하며, 지속적인 발전을 돕는다.

이렇듯 칭찬과 격려를 굳이 구분하는 이유는 하나다. 칭찬은 성과에 대해 즉각적인 피드백을 주고, 자부심과 동기를 부여하는 데 도움이 되지만, 성과가 부족할 때 자칫 부정적인 감정을 불러일으킬 수 있다는 우려 때문이다.

그렇다면 칭찬과 격려를 효과적으로 활용하는 방법은 무엇일까? 밑도 끝도 없이 그냥 "우리 아들 최고!"라는 식의 칭찬은 아무런 의미도 없을뿐더러 아이에게 신뢰를 주지 못한다. 구체적인 행동이나 상황에 대해서 칭찬하고 격려하는 것이 중요하다. 예를 들어, 어느 날 아이가 현관에 있는 가족들의 신발을 정리했다고 하자. 아빠가 퇴근하고 돌아왔을 때, "여보! 오늘 우리 OOO가 현관에 있는 가족들 신발을 혼자서 정리했어. 정말 대단해"라고 말하며, 구체적으로 행동에 대한 칭찬과 함께 변화에 대한 격려를 해주면 된다. 또한 오랜만에 시댁이나 친정에서 전화가 오면, 아니 일부러 전화를 해서라도 "어머니(엄마)! 오늘 우리 OOO가 혼자서 현관에 있는 가족들 신발을 정리했어요. 정말 잘했죠" 이런 식으로 반복해서 칭찬하고 격려하는 것은 괜찮다. 오히려 더 좋다.

일상에서 칭찬과 격려의 균형을 맞추는 것도 중요하다. 하루 종일 게임만 하는 자녀가 있다고 가정해 보자. 하지만 24시간 내내 게임만 하지는 않는다. 10시간 게임을 하고 남은 14시간 동안 무엇을 하는지 관심을 기울여 보자. 그 14시간 중에서 칭찬하거나 격려할 만한 행동을 한 가지라도 찾아서 구체적으로 말해준다면, 당신도 모르는 사이 어느 순간부터 미세한 변화가 보일 것이다. 그게 시작이다.

이렇듯 칭찬과 격려는 서로 보완적인 역할을 하며, 상황에 따라 적절하게 사용될 때 더 큰 효과를 발휘한다. 단, 중요한 것은 아이의 말과 행동 속에서 구체적인 칭찬과 격려 포인트를 찾아야 한다는 점이다. 그리고 단순한 칭찬이 아니라, 아이가 자신을 긍정적으로 바라볼 수 있도록 도와주는 것이 핵심이다. 오늘 집에 가서 눈을 크게 뜨고 살펴보라. 칭찬하거나 격려할 거리가 하나라도 있는지.

책(book)과 스마트폰(smart phone)의 차이

식당이나 카페에서 아이에게 스마트폰이나 태블릿을 쥐여주고 조용히 시키는 모습을 흔히 볼 수 있다. 하지만 자녀가 창의적인 사람으로 성장하기를 바란다면, 이런 행동은 당장 멈춰야 한다.
책과 스마트폰 영상 사이에 어떤 차이가 있길래 그래야 할까? 간단히 말하면, 책은 자발적으로 집중해야만 내용을 이해할 수 있지만 영상은 가만히 있어도 자동으로 정보를 머릿속에 집어넣는다. 한마디로 뇌의 활성화 정도에서 큰 차이가 난다. 영상은 능동적인 과정 없이도 정보를 전달하지만, 그만큼 생각할 여지를 빼앗는다.

책을 읽는 순간 떠오르는 상상의 세계가 바로 창의력의 원천이다. 아이를 창의적인 사람으로 키우고 싶다면, 스마트폰이나 태블릿을 습관적으로 쥐여주는 행동부터 그만둬야 한다.
그동안 아이가 짜증을 내거나 혼자 둬야 할 때 스마트폰으로 해결해 왔다면, 이제 어떻게 책으로 전환할까? 처음엔 아이가 당연히 더 짜증을 낼 것이다. 이때 절대 화내지 말고, 짜증이 잦아들 때까지 무심하게 놔두는 게 중요하다. 아이에 따라 차이가 있지만 이런 상황이 여러 번 반복될 수도 있고, 꽤 긴 시간이 걸릴 수도 있다. 어쨌든 중요한 건 부모가 버텨야 한다는 점이다.

그러다 짜증이 조금 잦아들면 부모는 자연스럽게 그 옆에서 무심한 듯 (그 아이 수준에서 제일 낮은 등급의, 그리고 재미있는) 동화책을 펼쳐보자. (드물지만) 혹시 아이가 즉각적인 관심을 보이더라도 바로 읽어주거나 설명하려고 하면 안 된다. 일반적으로 시간이 지나면서 당신의 아이는 자신보다 동화책에 집중하고 있는 부모에게 관심을 보인다.

거듭 말하지만, 중요한 것은 너무 급하게 동화책을 설명하거나 읽히려고 하지 않아야 한다는 점이다. 당신은 아이의 새로운 관심과 관계없이 그냥 하던 대로 재미있게 그 책을 읽어라. 그리고는 조용히, 자연스럽게 평소대로 식사 준비를 하거나 다음 일과를 진행하면 된다. 다시 한번 말한다. 아이에게 책을 강요하면 안 된다. 급하게 읽히거나 설명하려고 하면 우리의 계획은 실패할 가능성이 크다.

이런 과정을 몇 차례 반복하다 보면 아이는 나보다 책을 더 좋아하는 부모가 궁금해서라도 어느 순간 그 책을 펼쳐보게 된다. 변화의 시작은 미미할 수 있지만, 그 결과는 크다. 부모의 역할은 인내심을 갖고 기다리는 것이다.

[추신] 이 글을 읽은 독자 중 한 분이 "아이가 짜증 수준이 아니고 폭력적으로 나온다면 어떻게 해야 하나?"라는 질문을 했다. 그 질문에 대한 답은 본문 Chapter 2의 첫 번째 꼭지인 〈공격적이거나 폭력적인 아이' 다루는 법〉을 참고하면 된다.

창의성의 숨은 뿌리, 끈기

흔히 '창의성'이라 하면 천재성이나 기발한 발상부터 떠올린다. 한 번 들으면 감탄할 수밖에 없는 독창적인 아이디어, 예상을 완전히 비껴가는 접근, 때로는 괴짜 같은 상상력…. 그러나 창의성이란 정말 타고난 재능일까? 그리고 그것은 순간적으로 반짝이는 직관의 결과물일까? 여기, 그 질문에 대한 흥미로운 실마리를 주는 실험이 있다. 바로 심리학계에서 가장 유명한 실험 중 하나로 꼽히는 '스탠퍼드 마시멜로 실험'이다.

마시멜로 앞에 선 네 살 아이들

1960년대 후반, 스탠퍼드대학교의 심리학자 월터 미셸(Walter Mischel)은 유치원 아이들에게 '지금 마시멜로 하나를 먹을 것인가, 아니면 기다렸다가 두 개를 받을 것인가'를 선택하게 했다. '두 개'를 선택한 아이들은 혼자 남겨진 방에서 15~20분 동안 마시멜로를 바라보며 먹고 싶은 유혹의 시간을 견뎌야 했다. 이 단순한 실험은 훗날 놀라운 발견으로 이어졌다. 수십 년간의 추적 연구 결과, 어린 시절 마시멜로 하나를 더 얻기 위해 참고 기다릴 수 있었던 아이들이 그렇지 못한 아이들에 비해 학업 성취도, 스트레스 대처력, 건강, 인간관계, 심지어 경제적 성공까지 더 뛰어났다는 사실이 드러났다. 요컨대 '끈기'가 인생의 많은 성공 요소와 강한 상관관계를 가진다는 게 증명된 셈이다.

그런데 이 실험이 흥미로운 이유는 단순히 '참을성이 있는 아이들이 잘 컸다'라는 데에만 있지 않다. 미셸 교수는 아이들이 어떤 전략을 사용했는지에 주목했다. 어떤 아이는 마시멜로를 쳐다보지 않기 위해 고개를 돌렸고, 어떤 아이는 노래를 부르거나 손가락으로 장난을 치며 주의를 딴 데로 돌렸다. 심지어 어떤 아이는 마시멜로를 '흰 생쥐'라고 상상하며 쓰다듬었다. 즉, 자기조절 능력은 단순한 인내심의 결과가 아니라, 창의적인 '주의 전환 전략'의 산물이었다.

창의성은 번뜩임만이 아니다

이 대목에서 우리는 중요한 통찰 하나를 얻게 된다. 창의성이란 천재적인 아이디어가 갑자기 하늘에서 떨어지는 것이 아니라 불편한 상황을 견디는 힘과 연결되어 있다는 점이다. 흔히 창의적인 사람은 자유롭고 충동적일 것으로 생각하기 쉽다. 그러나 현실 속 창의적 성취자들—예술가, 과학자, 발명가, 작가 등—은 오히려 오랜 시간의 몰입, 좌절과 시행착오를 견뎌내는 능력을 지닌 사람들이다. 아이디어가 빛나기까지는 수많은 실패의 터널을 지나야 한다. 그 터널을 견디는 힘, 바로 그것이 '끈기(persistence)'다.

재능보다 끈기 – 성공한 사람들의 공통점

미국 심리학자 앤젤라 더크워스(Angela Duckworth)는 이것을 '그릿(Grit)'이라는 개념으로 확장했다. 그녀는 성공한 사람들의 공통된 특징으로 '끈기'와 '장기적인 열정'을 꼽았다. 아이비리그 학생, 군사학교 생도, 전국 스펠링 비[1] 우승자, CEO 등 다양한 집단을 분석한 결과, 그릿 점수가 높을수록 성취도도 높았다.

그녀가 말한 그릿은 단순한 '열심'이 아니다. 좌절해도 포기하지 않고 뚜렷한 목표를 향해 유연한 전략을 지속적으로 시도하는 능력이다. 다시 말해, 끈기 있는 사람은 문제를 뚫고 나가기 위해 새로운 방식을 상상하고, 기존의 길이 막혔을 때 다른 길을 찾아낼 수 있는 창의력을 발휘한다.

끈기와 창의성, 어떻게 연결되는가?

① 문제를 붙잡고 버티는 힘

창의적인 아이디어는 대부분 '문제를 충분히 고민한 사람'에게서 나온다. 처음에 해결책이 떠오르지 않아도 거기에 머물러 있는 힘, 포기하지 않고 붙드는 힘은 끈기에서 나온다. 바로 이 능력이 창의적 문제 해결의 전제 조건이 된다.

② 실패를 견디는 내구성

창의성의 본질은 실험이다. 실험에는 실패가 필연적으로 따르기 마

---

[1] 내셔널 스펠링 비(National Spelling Bee)-미국에서 개최하는 경시대회이며, 영어 단어를 듣고 그 단어의 철자를 맞히는 게 주된 내용이다.

련이다. 실패를 두려워하지 않고, 실패 속에서 교훈을 찾는 사람만이 다음 시도에서 새로운 접근을 시도할 수 있다. 창의적 사람은 실패를 창피하게 여기지 않는다. 그들은 '시도할 수 있는 용기'를 가진 사람들이다.

③ 주의 전환의 유연성
앞서 마시멜로 실험에서 아이들이 사용한 다양한 전략처럼, 끈기는 주의를 전환하거나 인지 구조를 새롭게 구성하는 '창의적인 사고'를 필요로 한다. 즉, 단순히 '참는' 것이 아니라 '다르게 생각하고 행동하는' 것이다.

예술가와 과학자 그리고 어린이

빈센트 반 고흐(Vincent Van Gogh)는 생전에 단 한 점의 그림밖에 팔지 못했다. 그러나 그는 10년간 하루도 빠짐없이 그림을 그렸고, 2,000점에 달하는 작품을 남겼다. 그는 스스로 말하길, "위대함은 시작하는 데 있는 것이 아니라, 끝까지 계속하는 데 있다"라고 했다. 토머스 에디슨(Thomas Edison) 역시 1,000번의 실패 끝에 전구를 발명했다. 누군가 그에게 "왜 그렇게 많은 실패를 했냐"라고 묻자, 그는 "나는 실패한 것이 아니라, 1,000가지의 되지 않는 방법을 찾은 것이다"라고 대답했다.
창의성과 끈기의 연결은 어린아이에게도 나타난다. 레고 블록으로 무언가를 계속 조립하고 무너뜨리는 아이, 낙서로 시작한 그림을 계속 지우고 다시 그리는 아이, 마시멜로를 바라보며 눈을 감고 상상하는 아이. 이들은 모두 '끝까지 가보려는 사람들'이다.

끈기를 키우는 환경
끈기와 창의성을 키우기 위한 환경에는 몇 가지 중요한 요소가 있다.
① 과정 중심의 칭찬(격려): 결과보다 노력과 시도 자체를 칭찬하면 아이나 어른 모두 실패에 덜 위축된다. "너는 참 똑똑하구나"보다 "네가 그렇게 오랫동안 해낸 것이 대단해"라는 말이 창의적 도전을 지속하게 만든다.

② 실패에 대한 긍정적 해석: 실수와 실패를 혼내기보다 배움의 기회로 받아들이도록 돕는 문화가 필요하다.

③ 시간과 자유의 보장: 끈기와 창의성은 조급한 환경에서 자라기 어렵다. 충분한 시간과 자기 주도적 탐색이 가능한 분위기가 무엇보다 중요하다.

마무리하며: 창의성은 오래 버틴 사람의 보상
마시멜로 실험은 단순히 유혹 앞에서 인내심을 실험한 놀이가 아니었다. 그것은 인간이 어떻게 자신의 충동을 조절하고, 미래의 가능성을 상상하며, 지금의 어려움을 스스로 극복하는지를 보여주는 심리학적 통찰이었다. 이 실험은 우리에게 말한다. 창의성은 재능보다는 태도이며, 순간의 기발함보다는 오랜 시간 불편함을 견디고 문제 앞에 머무르는 용기에서 비롯된다고.

실제로 마시멜로 하나에 만족하지 않고 '두 개'를 상상하며 20분을 버텨낸 아이 중 상당수가 성장해서 더 높은 학업 성취를 이루었고, 감정 조절 능력도 뛰어났다. 이는 단순히 끈기가 좋다는 차원을 넘어서, 그들이 자신을 조절하는 능력—곧 '자기 조절력(self-regulation)'—을 가지고 있으며, 그 안에는 '문제를 창의적으로 바라보는 능력'이 자리하고 있음을 시사한다.

창의성은 때때로 '무에서 유를 창조하는 능력'처럼 보인다. 그러나 실제로는 '불확실함을 견디는 능력', '답이 없는 상황 속에서도 상상력으로 새로운 길을 만들어가는 힘'이다. 마시멜로를 흰 생쥐라 상상하며 쓰다듬던 아이, 눈을 가린 채 마시멜로를 잊으려 했던 아이, 자기를 달래며 마음을 붙잡았던 아이, 이 아이들의 전략은 단순한 인내를 넘어선, 창의적인 생존 방식이었다.

어쩌면 우리 삶에도 수많은 '마시멜로 실험'이 존재한다. 지금 당장 그만두고 싶은 일, 눈앞의 보상에 혹할 만한 유혹, 버티기 힘든 고통…. 이 모든 순간은 우리에게 묻는다. "조금 더 기다릴 수 있겠니?" "눈앞의 마시멜로를 넘어서 더 큰 것을 상상할 수 있겠니?"라고.

창의성은 끈기의 끝에서 피어나는 꽃과도 같다. 남들이 떠난 자리에 혼자 남아 고민하고, 문제에 지치지 않고 머무르며, 수없이 실수하고도 포기하지 않는 사람. 바로 그런 사람에게 창의성은 조용히 다가온다.

끈기 있게 기다린 아이는 결국 마시멜로 두 개를 받았다. 그러나 그

것보다 더 값진 것은, 그 아이가 자기 삶의 어려움을 자신만의 방식으로 이겨낼 수 있는 사람, 새로운 길을 스스로 만들어가는 사람으로 자라났다는 것이다. 창의성은 그저 '재능 있는 누군가의 전유물'이 아니다. 오히려 창의성은 더 오래 고민하고, 더 오래 버틴 사람에게 주어지는 가장 아름다운 보상일지도 모른다.

| 에필로그 |

AI 시대, 우리 아이의 마음은 어디로 가고 있는가?

"엄마, AI랑 얘기하는 게 더 좋아."
요즘 아이들에게서 낯설지 않게 들리는 말이다. AI 스피커는 아이가 원하는 음악을 즉시 틀어주고, AI 챗봇은 심심할 때마다 반응해 준다.
"내 말 잘 들어주고, 화도 안 내고, 언제든지 대답해 주는 친구."
아이들은 그렇게 말하며 사람보다 기계를 더 편하게 여긴다. 우리는 지금, 인간의 역할과 관계의 의미가 새롭게 정의되는 시대에 아이를 키우고 있다. 감정을 모방하는 기계, 공감을 흉내 내는 알고리즘이 사람의 자리를 조금씩 대체하고 있다. 편리함은 늘었지만 정서적 경험의 기회는 줄어들고 있는 것이 현실이다.

기술은 인간의 삶을 엄청나게 바꾸었다. 아이들은 정보를 쉽게 얻고, 언어를 빠르게 습득하며, 원하는 걸 즉시 실행할 수 있는 환경에 놓여 있다. 하지만 정서의 세계는 다르다. 감정은 기다림과 부딪힘 때로는 갈등과 실망 속에서 길러지는 것이다.
AI는 공감하는 것처럼 말할 수는 있지만 진짜 감정을 이해하거나 감당할 수는 없다. 적어도 지금까지는. 정서적 공감이란 상대의 표정과 말투, 눈빛과 몸짓 속에 담긴 맥락을 함께 읽어내는 능력이다. 그건 기계가 할 수 없는 영역이다.

아이들이 그 섬세한 정서의 세계를 놓치고 'AI가 주는 위안'에 안주한다면, 관계에서 오는 불편함을 견디는 힘, 마음을 표현하고 다듬는 능력은 점점 사라지게 될 것이다. 특히 감정 조절이 아직 미숙한 아이에게는 더 큰 영향을 미친다.

실제 진료실에서는 "우리 아이가 요즘 화를 더 잘 내요." "이유 없이 짜증을 내거나 소리를 질러요"라는 부모의 호소를 자주 듣는다. 들여다보면, 그 이면에는 디지털 기기와 AI에 지나치게 노출된 일상이 자리한다. 자극은 강하고, 반응은 빠르며, 기다림이 없는 세계에 익숙해진 아이가 현실 속 관계의 느림과 복잡함을 견디기 어려워하는 것이다.

그렇다고 기술을 배척할 필요는 없다. AI는 앞으로도 우리 삶에 깊이 들어올 것이며, 교육과 소통의 도구로 충분히 활용할 수 있다. 문제는 그것이 아이의 정서를 대체하는 중심 통로가 되어서는 안 된다는 점이다.

아이의 감정은 사람과의 상호작용 특히 부모와의 관계 속에서 가장 깊이 자란다. 부모는 아이의 마음을 만나는 첫 번째 사람이자 감정을 해석해 주는 '감정 통역사'다. 기분이 언짢을 때, AI는 "기분이 안좋으시군요"라고 말할 수 있다. 하지만 부모는 그 말 뒤에 숨은 이유를 찾아주고, 함께 울어주고, 기다려줄 수 있는 존재다.

아이의 감정은 단순한 반응이 아니라 관계 속에서 길러지는 내면의 언어다. 그 언어를 잃지 않게 하려면 부모가 아이의 감정과 진심으로 연결되어 있어야 한다. 가장 힘들고 어지러운 순간에도 누군가 내 마음을 이해해 준다는 경험이 아이를 지탱한다. 그 누군가가 부모일 때, 아이는 어떤 혼란 속에서도 길을 잃지 않는다.

이 책은 '산만한 아이', '고집 센 아이', '겁이 많은 아이', '유튜브만 보는 아이'처럼 많은 부모가 마주하는 일상의 고민을 통해 아이의 마음을 해석하려 했다. 문제를 해결하는 방식보다 문제를 바라보는 부모의 시선을 바꾸는 것이 더 중요하다는 것을 전하고 싶었다. 정답을 알려주는 것이 아니라, 아이를 바라보는 새로운 질문을 던지기 위해 이 책을 썼다.

AI 시대의 정서 발달, 그 해답은 결국 다시 사람에게로 돌아온다. 기계가 아무리 정교해져도 "너 지금 힘들지?"라고 말하며 따뜻한 눈빛을 건네는 일은 여전히 사람의 몫이다. 기술이 뛰어날수록 관계는 더 섬세해야 한다. 아이의 마음을 지키는 가장 확실한 방법은, 그 마음을 먼저 들여다보는 한 사람의 따뜻한 태도에서 시작된다. 부모가 그 첫 번째 사람이 되길 바란다. 이 책이 그 여정의 작은 동반자가 되기를, 진심으로 바란다.

'OO하는 우리 아이', 어떻게 할까?

고민하는 부모를 위한 우리 아이 마음 처방전

초판 1쇄 발행일 | 2025년 8월 20일

지은이	이안백
감수	원민우
일러스트	안영경
펴낸곳	메디마크
펴낸이	정기국
디자인	서용석
관리	안영미

주소 | 서울시 성동구 마조로 22-2, 한양대동문회관 413호
전화 | (02) 325-3691
팩스 | (02) 6442 3690
등록 | 제 303-2005-34호(2005.8.30)

ISBN | 979-11-993268-2-8   13370
값 | 18,000원

* 이 책은 저작권법에 따라 보호를 받는 저작물이므로 무단전재와 무단복제를 금하며, 이 책 내용의 전부 또는 일부를 이용하려면 반드시 저작권자와 메디마크의 서면동의를 받아야 합니다.
* 잘못된 책은 바꾸어 드립니다.